Marguerite Ogilvy

JM Barrie

Writat

Cette édition parue en 2024

ISBN : 9789359940335

Publié par
Writat
email : info@writat.com

Contenu

CHAPITRE I
COMMENT MA MÈRE A OBTENU SON VISAGE DOUX

Le jour de ma naissance, nous avons acheté six chaises à poils et, dans notre petite maison, ce fut un événement, la première grande victoire d'une longue campagne d'une femme ; comment ils avaient été travaillés pour les obtenir, le billet d'une livre et les trente sous qu'ils coûtaient, quelle anxiété régnait l'achat, la démonstration qu'ils faisaient en possession de la chambre ouest, le sang-froid contre nature de mon père quand il les a amenés (mais son visage était blanc) - J'ai si souvent entendu cette histoire par la suite, et j'ai partagé, en tant que garçon et homme, tant de triomphes similaires, que l'arrivée des chaises semble être quelque chose dont je me souviens, comme si j'avais sauté du lit le premier jour, et cours Ben pour voir à quoi ils ressemblaient. Je suis sûr que les pieds de ma mère étaient sur le point d'être réparés bien avant qu'on puisse leur faire confiance, et que le moment après qu'elle ait été laissée seule avec moi , elle a été découverte pieds nus dans la pièce ouest, soignant une cicatrice (qu'elle avait été la première à détecter).) sur l'une des chaises, ou s'y asseyant royalement, ou se retirant et rouvrant brusquement la porte pour surprendre les six. Et puis, je crois, on lui a jeté un châle (c'est étrange pour moi de penser que ce n'est pas moi qui ai couru après elle avec le châle), et on l'a reconduite sévèrement au lit et on lui a rappelé qu'elle avait promis de ne pas bouger. , à quoi sa réponse fut probablement qu'elle n'était partie qu'un instant, et ce à quoi elle impliquait que par conséquent elle n'était pas partie du tout. C'est ainsi qu'un petit bout d'elle m'a été révélé d'un coup : je me demande si j'en ai pris note. Des voisins sont venus voir le garçon et les chaises. Je me demande si elle m'a trompé en affectant de penser qu'il y en avait d'autres comme nous, ou si j'ai vu à travers elle dès le début, elle était si facilement vue à travers. Lorsqu'elle semblait être d'accord avec eux sur l'impossibilité de me donner une éducation universitaire, étais-je si facilement dupe, ou savais-je déjà quelles ambitions brûlaient derrière ce cher visage ? lorsqu'ils parlaient des chaises alors que le but était rapidement atteint, étais-je si nouveau que ses lèvres timides devaient dire : « Elles ne sont qu'un début » avant que j'entende les mots ? Et quand nous étions restés ensemble, est-ce que je riais des grandes choses qu'elle avait en tête, ou est-ce qu'elle devait d'abord me les murmurer, puis est-ce que je l'entourais de mon bras et lui disais que j'allais l'aider ? Il en fut ainsi pendant si longtemps : il me paraît étrange de sentir qu'il n'en fut pas ainsi dès le début.

Tout cela n'est que conjecture depuis six ans, et celle que je vois en eux est la femme qui est apparue soudainement à la fin. J'ai dit ses lèvres timides, mais elles n'étaient pas timides à l'époque, et quand je l' ai connue , les lèvres timides étaient venues. Le visage doux – on dit que le visage n'était pas si doux à l'époque. Le châle qu'on lui jetait sur elle - nous n'avions pas commencé à la chasser avec un châle, ni à faire de notre corps un écran entre elle et les courants d'air, ni à nous glisser vingt fois dans sa chambre dans la nuit pour la regarder. pendant qu'elle dormait. Nous ne l'avons pas vue devenir petite à ce moment-là, ni tourner brusquement la tête lorsqu'elle nous a dit, étonnés, à quel point ses bras étaient devenus petits. Dans ses moments les plus heureux – et jamais femme n'a été plus heureuse – sa bouche ne s'est pas soudainement mise à se contracter et des larmes à couler sur les yeux bleus muets dans lesquels j'ai lu tout ce que je sais et que j'aurais jamais envie d'écrire. Car lorsque vous regardiez ma mère dans les yeux, vous saviez, comme s'il vous l'avait dit, pourquoi Dieu l'avait envoyée dans le monde : c'était pour ouvrir l'esprit de tous ceux qui regardaient à de belles pensées. Et c'est le début et la fin de la littérature. Ces yeux que je ne peux pas voir avant l'âge de six ans m'ont guidé tout au long de la vie, et je prie Dieu qu'ils restent mon seul juge terrestre jusqu'à la fin. Ils n'ont jamais été autant mon guide que lorsque je l'ai aidée à la remettre sur terre, sans gémir parce que ma mère avait été enlevée après soixante-seize glorieuses années de vie, mais en exultant en elle même près de la tombe.

Elle avait un fils qui était loin à l'école. Je me souviens très peu de lui, seulement qu'il était un garçon au visage joyeux qui courait comme un écureuil dans un arbre et secouait les cerises sur mes genoux. Quand il avait treize ans et que j'avais la moitié de son âge, la terrible nouvelle est arrivée, et on m'a dit que le visage de ma mère était horrible dans son calme alors qu'elle partait se mettre entre la Mort et son garçon. Nous l'accompagnâmes en compagnie dans le brae jusqu'à la gare en bois, et je crois que je lui enviais le voyage dans les chariots mystérieux ; Je sais que nous avons joué autour d'elle, fiers de notre droit d'être là, mais je ne m'en souviens pas, je ne parle que par ouï-dire. Son billet était pris, elle nous avait dit au revoir avec ce visage combatif que je ne vois pas, et puis mon père est sorti du bureau télégraphique et a dit d'une voix rauque : « Il est parti ! Puis nous nous sommes retournés très doucement et sommes rentrés chez nous par le petit brae. Mais je ne parle plus par ouï-dire ; Je connaissais ma mère depuis toujours .

C'est ainsi qu'elle avait son visage doux, ses manières pathétiques et sa grande charité, et c'est pourquoi d'autres mères couraient vers elle lorsqu'elles perdaient un enfant. «Je ne vous salue pas, pauvre Janet», leur disait-elle; et ils répondaient : « Ah, Margaret, mais tu te salues toi-même . Margaret Ogilvy était son nom de jeune fille et, selon la coutume écossaise, elle était toujours Margaret Ogilvy pour ses vieux amis. Margaret Ogilvy J'adorais l'appeler.

Souvent, quand j'étais enfant, « Margaret Ogilvy, es-tu là ? » J'appellerais l'escalier.

Elle fut toujours délicate à partir de cette heure, et pendant plusieurs mois elle fut très malade. J'ai entendu dire que la première chose qu'elle avait exprimé le souhait de voir était la robe de baptême, et elle l'a regardée longuement puis a tourné son visage vers le mur. C'est ce qui m'a fait toujours penser, quand j'étais enfant, à la robe dans laquelle il avait été baptisé, mais j'ai su plus tard que nous avions tous été baptisés avec elle, depuis l'aîné de la famille jusqu'au plus jeune, qui avaient vingt ans entre eux. Des centaines d'autres enfants y furent également baptisés, ces robes étant alors une possession rare, et les nôtres étant prêtées parmi les gloires de ma mère. On le transportait soigneusement de maison en maison, comme s'il était lui-même un enfant ; ma mère en faisait grand cas, le lissait, le caressait, lui souriait avant de le mettre dans les bras de ceux à qui on le prêtait ; elle était sur notre banc pour le voir porté magnifiquement (quelque chose à l'intérieur maintenant) dans l'allée jusqu'au côté de la chaire, lorsqu'un mouvement d'attente traversa l'église et que nous nous donnâmes des coups de pied sous le panneau, mais restâmes respectueux dans le affronter; et quel que soit le comportement de l'enfant, riant effrontément ou se précipitant à la honte de sa mère, et quoi que fasse le père en le tenant, regardant probablement et s'inclinant au mauvais moment, la robe de baptême d'une longue expérience les a aidés à s'en sortir. Et quand on le lui rapporta, elle le prit dans ses bras aussi doucement que s'il dormait, et le pressa inconsciemment contre sa poitrine : il n'y eut jamais rien dans la maison qui lui parlât avec autant d'éloquence que cette petite robe blanche. ; c'était celui de ses enfants qui restait toujours un bébé. Et elle ne l'avait pas fait elle-même, ce qui était pour moi le plus merveilleux, car elle semblait avoir fait toutes les autres choses. Tous les vêtements de la maison étaient de sa confection, et on ne la connaît pas du tout si on les trouve démodés ; elle les a transformés et les a refaits à nouveau, elle les a battus et les a refaits à nouveau, puis elle les a cajolé pour qu'ils soient à nouveau neufs juste pour la dernière fois, elle les a laissés sortir et les a pris et a mis une nouvelle tresse, et a ajouté une on reconstituait le dos, et ainsi ils passaient d'un membre de la famille à l'autre jusqu'à atteindre le plus jeune, et même quand nous en avions fini avec eux, ils réapparaissaient sous une autre forme. A la mode ! Je dois y revenir. Jamais une femme n'a eu un tel oeil pour ça. Elle n'avait pas d'étiquettes de mode ; elle n'en avait pas besoin. La femme du ministre (un manteau), les filles du banquier (la manche neuve), elles n'avaient qu'à passer une seule fois par notre fenêtre, et le scalp, pour ainsi dire, était entre les mains de ma mère. Observez-la se précipiter, ciseaux à la main, fil dans la bouche, vers les tiroirs où étaient rangés les vêtements de sabbat de ses filles. Ou allez à l'église dimanche prochain et regardez une certaine famille entrer, le garçon levant les jambes bien haut pour montrer ses nouvelles bottes, mais tous les autres sont sages, en particulier la petite femme timide et indifférente derrière eux. Si vous étiez ce jour-là la femme du ministre ou les filles du banquier, vous auriez eu un choc. Mais elle a acheté la robe de baptême, et quand je lui demandais pourquoi, elle rayonnait et avait l'air consciente, et disait qu'elle voulait être extravagante une fois. Et elle me racontait, toujours en souriant, que plus une femme s'adonnait à coudre et à confectionner elle-même, plus elle avait envie, de temps en temps, de se précipiter dans les magasins et de « faire des bêtises ». La robe de baptême avec ses froufrous pathétiques a maintenant plus d'un demi-siècle et commence à tomber un peu, comme une marguerite dont le temps est révolu ; mais il est toujours aussi soigneusement conservé : je l'ai revu en usage l'autre jour seulement.

Ma mère était allongée dans son lit avec la robe de baptême à côté d'elle, et j'ai jeté un coup d'œil à plusieurs reprises par la porte, puis je suis allé vers l'escalier, je me suis assis dessus et j'ai sangloté. Je ne sais si ce fut ce premier jour, ou bien des jours après, qu'est venue à moi, ma sœur, la fille que ma mère aimait le plus ; oui, plus encore, j'en suis sûr, qu'elle ne m'aimait, dont elle est la grande gloire depuis que j'ai six ans. Cette sœur, qui était alors en train de sortir de l'adolescence, est venue vers moi avec un visage très anxieux et se tordant les mains, et elle m'a dit d'aller voir ma mère et de lui dire qu'elle avait encore un autre garçon. J'y suis allé avec enthousiasme, mais la pièce était sombre, et quand j'ai entendu la porte se fermer et qu'aucun bruit ne venait du lit , j'ai eu peur et je suis resté immobile. Je suppose que je respirais fort, ou peut-être que je pleurais, car au bout d'un moment j'entendis une voix apathique qui n'avait jamais été apathique auparavant dire : « Est-ce toi ? Je pense que le ton m'a blessé, car je n'ai pas répondu, puis la voix a dit avec plus d'anxiété : « C'est toi ? encore. Je pensais que c'était au garçon mort à qui elle parlait, et j'ai dit d'une petite voix solitaire : "Non, ce n'est pas lui, c'est juste moi." Puis j'ai entendu un cri et ma mère s'est retournée dans son lit, et même s'il faisait sombre, j'ai su qu'elle tendait les bras.

Après cela, je restai beaucoup assis dans son lit, essayant de lui faire oublier, ce qui était ma manière astucieuse de jouer au médecin, et si je voyais quelqu'un dehors faire quelque chose qui faisait rire les autres , je me précipitais immédiatement dans cette pièce sombre et l'a fait avant elle. Je suppose que j'étais un petit personnage étrange ; On m'a dit que mon désir de l'éclairer donnait à mon visage un air tendu et mettait un tremblement dans la plaisanterie (je me tenais sur la tête dans le lit, les pieds contre le mur, puis je criais avec enthousiasme : « Est-ce que vous riez, mère ?') - et peut-être que ce qui la faisait rire était quelque chose dont j'étais inconscient, mais elle riait soudainement de temps en temps, sur quoi j'ai crié avec exultation à cette chère sœur, qui attendait toujours, de venir voir ce spectacle, mais au moment où elle arriva, le visage doux était à nouveau mouillé. J'ai ainsi été privé d'un peu de ma gloire, et je me souviens de l'avoir fait rire une fois seulement devant témoins. Je gardais une trace de ses rires sur un morceau de papier, un trait pour chacun, et j'avais l'habitude de le montrer fièrement au médecin chaque matin. Il y a eu cinq coups la première fois que je l'ai glissé dans sa main, et quand leur signification lui a été expliquée , il a ri si bruyamment que j'ai crié : « J'aimerais que ce soit l'un des siens ! Puis il s'est montré compatissant et m'a demandé si ma mère avait déjà vu le journal, et quand j'ai secoué la tête , il a dit que si je le lui montrais maintenant et lui disais que c'étaient ses cinq rires, il pensait que je pourrais en gagner un autre. J'avais moins confiance, mais c'était l'homme mystérieux pour lequel on courait en pleine nuit (on jetait du sable à sa fenêtre pour le réveiller, et si ce n'était qu'un mal de dents, il extrayait la dent par la fenêtre ouverte, mais quand c'était quelque chose de plus sévère, il était avec toi sur la place sombre à la fois, comme un homme qui dormait dans son pardessus), alors j'ai fait ce qu'il m'a dit, et non seulement elle a ri à ce moment-là, mais encore une fois quand j'ai réprimé son rire, de sorte que, bien que c'était vraiment un rire avec une larme au milieu, je l'ai compté pour deux.

C'est sans doute cette même sœur qui m'a dit de ne pas bouder quand ma mère pensait à lui, mais d'essayer plutôt de la faire parler de lui. Je ne voyais pas comment cela pourrait faire d'elle la joyeuse mère qu'elle était, mais on m'a dit que si je n'y parvenais pas, personne ne le pourrait, et cela m'a donné envie de commencer. Au début, disent-ils, j'étais souvent jaloux, arrêtant ses bons souvenirs en criant : « Cela ne vous dérange pas à mon sujet ? mais cela n'a pas duré ; sa place a été remplacée par un désir intense (encore une fois, je pense, c'est ma sœur qui a dû lui insuffler la vie) de devenir tellement semblable à lui que même ma mère ne devrait pas voir la différence, et nombreuses et astucieuses étaient les questions que je posais à cette fin. . Ensuite, j'ai pratiqué en secret, mais après une semaine entière, j'étais encore un peu comme moi-même. Il avait une façon si joyeuse de siffler, m'avait-elle dit, que cela l'avait toujours égayée dans son travail de l'entendre siffler, et quand il sifflait , il se tenait les jambes écartées et les mains dans les poches de sa culotte. J'ai décidé de m'y fier, alors un jour après avoir appris son sifflet (chaque garçon d'entreprise invente son propre sifflet) auprès de garçons qui avaient été ses camarades, j'ai secrètement enfilé un costume de ses vêtements, gris foncé, ils étaient , avec de petites taches, et ils m'allèrent bien des années après, et ainsi déguisé je me glissai, à l'insu des autres, dans la chambre de ma mère. Tremblant, je n'en doute pas, et pourtant si heureux, je restai immobile jusqu'à ce qu'elle me voie, et puis... comme cela a dû lui faire mal ! 'Écouter!' J'ai pleuré dans un éclat de triomphe, j'ai écarté mes jambes, j'ai plongé mes mains dans les poches de ma culotte et j'ai commencé à siffler.

Elle vécut vingt-neuf ans après sa mort, des années si actives jusqu'à la fin, qu'on ne savait jamais où elle était à moins de la prendre en main, et bien qu'elle fût désormais fragile et de plus en plus fragile, son ménage redevint célèbre, ainsi que les mariées appelaient naturellement pour la regarder confectionner , poncer et coudre : il y a encore des personnes âgées, une ou deux, pour raconter avec émerveillement dans les yeux comment elle a pu cuire vingt-quatre banniques par heure, et non une puce dans l'un d'eux. Et combien elle en a donné, combien elle a donné de tout ce qu'elle avait, et quelles jolies manières elle avait de le donner ! Son visage rayonnait et ondulait de gaieté comme avant, et son rire que j'avais tant essayé de forcer revint à la maison. Je n'ai entendu aucun rire comme le sien, sauf celui de joyeux enfants ; le rire de la plupart d'entre nous vieillit et s'use avec le corps, mais le sien est resté joyeux jusqu'au bout, comme s'il renaissait chaque matin. Il y avait toujours quelque chose d'enfant en elle, et son rire en était la voix, aussi éloquente pour moi du passé que la robe de baptême l'était pour elle. Mais je ne lui avais pas fait oublier ce qu'elle avait de mort ; pendant ces vingt-neuf ans, il ne s'éloigna pas d'elle un jour. Bien des fois, elle s'endormait en lui parlant, et même pendant son sommeil, ses lèvres remuaient et elle souriait comme s'il était revenu vers elle, et quand elle se réveillait , il pouvait disparaître si brusquement qu'elle sursautait perplexe et regardait autour d'elle, et puis dit lentement : « Mon David est mort ! ou peut-être resta-t-il assez longtemps pour lui murmurer pourquoi il devait la quitter maintenant, et alors elle resta silencieuse, les yeux vaporeux. Quand je suis devenu un homme et qu'il avait encore treize ans, j'ai écrit un petit article intitulé « Morte depuis vingt ans », qui parlait d'une tragédie similaire dans la vie d'une autre femme, et c'est la seule chose que j'ai écrite qu'elle n'a jamais dont elle parlait, même pas à la fille qu'elle aimait le plus. Personne ne lui en a jamais parlé, ni lui a demandé si elle l'avait lu : on ne demande pas à une mère si elle sait qu'il y a un petit cercueil dans la maison. Elle lisait plusieurs fois le livre dans lequel il est imprimé, mais lorsqu'elle arrivait à ce chapitre , elle mettait ses mains sur son cœur ou même sur ses oreilles.

CHAPITRE II
CE QU'ELLE A ÉTÉ

Ce qu'elle avait été, ce que je devrais être, c'étaient les deux grands sujets entre nous dans mon enfance, et tandis que nous discutions de l' un , nous décidions de l'autre, même si aucun de nous ne le savait.

Avant que j'atteigne ma dixième année, un géant entra la nuit dans ma maison natale et nous nous réveillâmes pour le trouver en possession. Il la transforma en une nouvelle ville à un rythme que nous seuls, les garçons, pouvions suivre, car aussi vite qu'il construisait des barrages , nous fabriquions des radeaux pour y naviguer ; il a démoli des maisons, et là nous criions : « Pilly ! parmi les ruines ; il a creusé des tranchées et nous les avons sautées ; il a fallu nous tirer par les jambes sous ses moteurs, il a coulé des puits et nous y sommes entrés. Mais bien qu'il n'y ait jamais eu de circonstances auxquelles les garçons ne pouvaient s'adapter en une demi-heure, les gens plus âgés sont plus lents à s'adapter, et je suis sûr qu'ils restaient là, bouche bée, devant les changements qui s'opéraient si soudainement parmi nous, et savaient à peine comment s'y prendre. à la maison maintenant dans le noir. Là où ils se trouvaient auparavant, mais le déclic de la navette fut bientôt le rugissement du « pouvoir », les métiers à tisser furent poussés dans un coin alors qu'une salle était libérée pour une danse ; chaque matin, à cinq heures et demie, la ville était réveillée par un cri, et du haut d'une cheminée qui s'élevait dans nos airs voisins, le conquérant brandissait toujours son drapeau de fumée. Une autre époque était apparue, de nouvelles coutumes, de nouvelles modes surgissaient, toutes aussi vigoureuses que si elles étaient nées à vingt et un ans ; aussi vite que deux personnes peuvent échanger leurs sièges, la fille, jusqu'ici tricoteuse de bas, est devenue le soutien de famille, celui qui était le soutien de famille s'est mis à tricoter des bas : ce qui était hier un nid de tisserands est aujourd'hui une ville de filles.

Je ne suis pas de ceux qui jetteraient la pierre au changement ; c'est sûrement quelque chose que les dos ne se plient plus prématurément ; tu peux non D'autres regardent à travers des vitres sombres les vieux pauvres qui tissent en tremblant pour leur petit bout de terrain dans le cimetière. Leurs années de travail sont plutôt trop rares, non pas parce qu'ils le souhaitent, mais parce que c'est de la jeunesse que les métiers à tisser doivent se nourrir. Eh bien, cela leur apprend à subvenir à leurs besoins, et ils ont des moyens comme ils n'en ont jamais eu auparavant. Les garçons ne sont plus envoyés à l'université par lots ; la demi-douzaine par an est tombée à un, sans doute parce que de nos jours ils peuvent commencer à percevoir un salaire à la sortie de leur quatorzième année. Ici, certes, il y a des pertes, mais toutes les pertes ne seraient qu'un caillou dans un océan de gains si ce n'était de cela, qu'avec tant de membres de la famille, parmi eux de jeunes mères, travaillant dans les usines, la vie à la maison n'est pas si belle. comme c'était. Une grande partie de ce qui est formidable en Écosse découle de l'étroitesse des liens familiaux ; c'est là que je crains parfois que mon pays ne soit frappé. Que nous soyons tous réduits à un niveau mort, que le caractère n'abonde plus et que la vie elle-même est moins intéressante, ce sont des choses que j'ai lues, mais je n'y crois pas. Je les ai même vus être donnés comme raison pour écrire sur une époque passée, et en cela au moins il n'y a pas de vérité. Dans notre petite ville, qui est un exemple parmi tant d'autres, la vie est aussi intéressante, aussi pathétique, aussi joyeuse qu'elle l'a jamais été ; aucun groupe de tisserands n'était meilleur à regarder ou à penser que le ruisseau de filles séduisantes qui envahit nos rues chaque fois que l'écluse est levée, la comédie des soirées d'été et des feux d'hiver se joue avec le bon vieux zeste et chaque store de fenêtre est le rideau d'une romance. Une fois les lumières d'une petite ville allumées, qui pourrait espérer raconter toute son histoire, ou l'histoire d'une seule merveille qui s'y trouve ? Et qui regarde les fenêtres éclairées a besoin de se tourner vers les livres ? La raison pour laquelle mes livres traitent du passé plutôt que de la vie que j'ai moi-même connue est simplement que je me lasse vite d'écrire des contes à moins de voir une petite fille, dont ma mère m'a parlé, errer avec confiance à travers les pages. . Son souvenir de son enfance avait une telle emprise sur moi depuis que j'étais un garçon de six ans.

Ces innombrables conversations avec elle ont rendu sa jeunesse aussi vivante que la mienne, et d'autant plus pittoresque , car, pour un enfant, la chose la plus étrange et le livre d'images le plus richement coloré , c'est que sa mère était autrefois une enfant. aussi, et le contraste entre ce qu'elle est et ce qu'elle a été est peut-être la source de tout humour . Le père de ma mère, le seul héros de sa vie, est mort neuf ans avant ma naissance, et je m'en souviens avec perplexité, tant la silhouette du maçon battu par les intempéries se lève devant moi depuis la vieille chaise sur laquelle j'ai été allaitée et écrit maintenant mes livres. En surface, il est dur comme la pierre qu'il a ciselée , et son visage est teint en rouge par sa poussière, il a les épaules arrondies et un « hoast » le poursuit toujours ; tôt ou tard, cette toux doit l'emporter, mais d'ici là, elle ne l'empêchera pas de s'en prendre à la proie, pas plus que ses mains gercées, tant qu'elles pourront saisir le goût . C'est une nuit de pluie ou de neige, et ma mère, la petite fille en tablier qui est déjà sa gouvernante, est venue plusieurs fois à la porte pour le chercher. Enfin , il s'approche en hochant la tête . Ou je le vois partir à l'église, car il était un grand « perron » de l'église Auld Licht, et sa bouche est très ferme maintenant comme s'il y avait un cas de discipline à affronter, mais sur le chemin du retour, il est incliné avec pitié. Peut-être que sa petite fille, qui l'a vu si sévère il y a une heure, ne comprend pas pourquoi il lutte si longtemps en prière ce soir, ni pourquoi, lorsqu'il se lève de ses genoux , il la serre contre lui avec une tendresse inhabituelle. Ou bien il est sur cette chaise, lui répétant son poème préféré , « Le rêve camerounais », et dès les premières lignes si solennellement prononcées :

« Dans un rêve de la nuit, j'ai été emporté »

elle crie d'excitation, tout comme j'ai crié longtemps après quand elle me les a répétés avec sa voix. Ou bien je la regarde, comme depuis une fenêtre, tandis qu'elle s'éloigne à travers les longs parcs jusqu'au lieu lointain où il travaille, à la main un flacon qui contient son dîner. Elle chante pour elle-même et balance joyeusement le flacon, elle saute la brûlure et mesure fièrement le saut avec son œil, mais elle ne traîne jamais à moins de rencontrer un bébé, car elle aimait tellement les bébés qu'elle devait serrer dans ses bras tous ceux qu'elle rencontrait. mais tandis qu'elle les serrait dans ses bras, elle remarquait aussi comment leurs robes étaient coupées, et confectionnait ensuite des modèles en papier, qu'elle cachait jalousement, et avec le temps, sa première robe pour son aîné était confectionnée à partir d'un de ces modèles, confectionné lorsqu'elle était petite. dans sa douzième année.

Elle avait huit ans lorsque la mort de sa mère fit d'elle la maîtresse de maison et la mère de son petit frère, et à partir de ce moment-là, elle récura, raccommoda, cuisit et cousit, et discuta avec le charcutier au sujet du quart de livre de bœuf et d'os qui fournissaient le dîner. pendant deux jours (mais si vous pensez que c'était de la pauvreté, vous ne connaissez pas le sens du mot), et elle portait l'eau de la pompe, et avait ses jours de lessive et de repassage et un bas toujours sur le fil pour moments étranges, et bavarder comme une matrone avec les autres femmes, et faire plaisir aux hommes avec un sourire tolérant - toutes ces choses qu'elle faisait naturellement, sautant joyeusement du lit le matin parce qu'il y avait tant de choses à faire, le faisant aussi soigneusement et calmement que si les mariées devaient déjà prendre une leçon, puis se précipitait dans un accès d'enfantillage pour jouer aux décharges ou aux palaulays avec d'autres de son âge. Je vois ses robes s'allonger, même si elles ne furent jamais très courtes, et les jeux abandonnés à contrecœur. L'horreur de mon enfance était que je savais qu'un temps viendrait où je devrais aussi abandonner les jeux, et je ne voyais pas comment cela devait se faire (cette agonie me revient encore dans les rêves, quand je me surprends à jouer aux billes, et regarde avec un froid mécontentement); J'ai senti que je devais continuer à jouer en secret et je lui ai apporté cette ombre lorsqu'elle m'a raconté sa propre expérience, ce qui nous a convaincus tous les deux que nous nous ressemblions beaucoup à l'intérieur. Elle avait découvert que le travail est le meilleur des divertissements après tout, et je l'ai appris avec le temps, mais j'ai eu mes erreurs, et elle aussi.

Je sais quel était son costume préféré lorsqu'elle avait l'âge dont on fait les héroïnes : c'était un bleu pâle avec un bonnet bleu pâle dont les rubans blancs se nouaient de manière agaçante sous le menton, et lorsqu'on l'interrogeait sur ce costume, elle n'avouait jamais. qu'elle était jolie dedans, mais elle disait, en rougissant aussi, que le bleu était sa couleur , et alors elle pouvait sourire, comme à un souvenir, et commencer à nous parler d'un homme qui... mais cela se terminait là par un autre sourire ce qui fut plus long à partir. Elle n'a jamais dit, voire a nié vigoureusement, qu'elle avait fait danser les hommes, mais encore une fois le sourire est revenu et s'est interposé entre nous et la pleine conviction. Oui, elle avait ses petites vanités ; Lorsqu'elle a reçu la bague de Mitspa, elle a porté ce doigt de telle manière que les plus réticents doivent le voir. Elle était très pointilleuse sur ses gants et cachait ses bottes pour que personne d'autre ne les enfile, puis elle oubliait leur cachette et se doutait de celui qui les avait trouvés. Un bon moyen de la mettre en colère était de lui dire que son bonnet de l'année dernière ferait l'affaire cette année sans modification, ou qu'il serait défiant de compter le nombre de ses châles. Dans un de mes livres, il y a une mère qui part avec son fils pour la ville où il avait été appelé comme ministre, et elle s'arrête sur le seuil pour lui demander anxieusement s'il pense que son bonnet la « met en valeur ». Un critique a déclaré qu'elle avait agi ainsi, non pas parce qu'elle se souciait de son apparence, mais pour le bien de son fils. Cela, je m'en souviens, a beaucoup amusé ma mère.

J'ai vu de nombreux coups de neige fatigués, mais celui dont je me souviens le mieux s'est produit près de vingt ans avant ma naissance. C'était à l'époque du mariage de ma mère avec un homme qui s'est montré très aimant car il a toujours été un mari bien-aimé, un homme que je suis très fier de pouvoir appeler mon père. Je ne sais pas depuis combien de jours la neige était tombée, mais un jour vint où les gens perdirent courage et ne voulurent plus y faire de ravins, et le lendemain matin, cela devint impossible, ils ne purent jeter la neige assez haut. Son dos était contre toutes les portes le dimanche et personne ne s'aventurait dehors, à l'exception de quelques vaillants hommes qui se frayaient un chemin jusqu'à la maison de ma mère pour discuter de sa situation difficile, car à moins qu'elle ne soit « pleurée » dans l'église ce jour-là, elle ne se marierait peut-être pas avant longtemps. encore une semaine, et comment aurait-elle pu pleurer avec le ministre à un champ plus loin et l'église enterrée jusqu'à la taille ? Ils discutèrent pendant des heures et enfin quelques hommes se dirigèrent vers l'église, située à plusieurs centaines de mètres. Trois d'entre eux trouvèrent une fenêtre et, se frayant un passage, crièrent tous deux, et c'est ainsi que mon père et ma mère se marièrent le premier mars.

Ce serait la fin, je suppose, si c'était une histoire, mais pour ma mère, ce n'était qu'un autre début, et pas le dernier. Je la vois penchée sur le berceau de son premier-né, l'université déjà dans ses yeux (et mon père non moins ambitieux), et tout à coup c'est une fille qui est au berceau, puis une autre fille, déjà figure tragique. à ceux qui connaissent la fin. Je me demande si un instinct a dit à ma mère que le grand jour de sa vie était celui où elle a donné naissance à cet enfant ; ce dont je suis sûr, c'est que dès le début, l'enfant la suivit avec les yeux les plus mélancoliques et comprit combien elle avait besoin d'aide et avait envie de se lever et de la donner. Car ma mère n'a jamais eu beaucoup de force physique ; c'était son esprit qui surmontait le travail, et à cette époque- là , elle était souvent si malade que le sable pleuvait sur la fenêtre du médecin, et les hommes couraient çà et là avec des sangsues, et "elle est dans la vie, on ne peut pas en dire plus". C'était l'information pour ceux qui venaient frapper à la porte. « J'ai le regret de dire, écrit son père dans une vieille lettre que j'ai devant moi, que Margaret est dans un état où elle n'a jamais été aussi mauvaise dans ce monde. Jusqu'à mercredi soir, elle était dans un état aussi déplorable qu'on puisse imaginer être en vie. Cependant, après des saignements, des sangsues, etc., le docteur dit ce matin qu'il est mieux espéré maintenant, mais pour le moment nous ne pouvons pas en dire plus, mais seulement elle est vivante et entre les mains de Celui entre les mains de qui sont toutes nos vies. Je ne peux pas vous donner une idée adéquate de ce que sont mes sentiments, en effet ils sont un fardeau trop lourd pour moi et je ne peux pas les décrire. Je regarde ma main droite et ma main gauche et je ne trouve aucun réconfort, et sans le rocher qui est plus haut que moi, mon esprit tomberait complètement, mais béni soit son nom qui peut réconforter ceux qui sont abattus. Oh, pour plus de foi en sa grâce qui nous soutient en cette heure d'épreuve.

Ensuite, elle est « en voie de guérison », elle peut « s'en sortir » s'ils prennent grand soin d'elle, « ce que nous serons impatients de faire ». Le quatrième enfant meurt à l'âge de quelques semaines seulement, et le suivant à deux ans. Elle était la compagne de son grand-père, et c'est ainsi qu'il écrivait à propos de sa mort, cet Auld Licht sévère et autodidacte aux mains gercées :

> « J'espère que vous avez reçu mon dernier dans lequel je parlais du malaise de ma chère petite Lydia. Maintenant, c'est avec une profonde tristesse que je dois vous dire qu'hier j'ai aidé à déposer sa chère dépouille dans la tombe solitaire. Elle est décédée mercredi soir à 19 heures, je suppose au moment où vous aviez reçu la lettre. Le Dr n'a pensé qu'il s'agissait de croup que tard dans la nuit de mardi, et tout ce que l'aide médicale pouvait prescrire a été fait, mais le Dr n'avait aucun espoir après avoir vu que le croup était confirmé, et en effet le cœur aurait été dur. n'aurait pas fondu en voyant ce que la chère petite créature a souffert tout le mercredi jusqu'à ce que le faible corps soit tout à fait usé. Elle était tout à fait raisonnable jusqu'à deux heures après sa mort, puis elle tomba assez bas jusqu'à ce que l'étincelle vitale s'enfuie, et tous les médicaments qu'elle

reçut, elle les prit avec la plus grande empressement, comme si elle craignait qu'ils ne la guérissent. Je ne peux pas bien décrire mes sentiments à cette occasion. Je pensais que la source de mes larmes était maintenant tarie, mais je me suis trompé, car je dois avouer que les ruisseaux saumâtres descendaient rapidement sur mes joues ridées, elle était une enfant si séduisante et avait une telle estime pour et elle venait toujours me raconter toutes ses petites choses, et pendant qu'elle parlait maintenant, certains de ses petits bavardages étaient très prenants, et les images vivantes de ces choses s'immiscent plus dans mon esprit qu'elles ne devraient le faire, mais il y a de la tolérance. pour un chagrin modéré en de telles occasions. Mais quand je vous parle de mon propre chagrin et de mon chagrin, je ne sais que dire de la Mère endeuillée, elle n'a jamais rencontré quoi que ce soit au monde avant qui soit allé si près du vif avec elle. Elle ne s'occupa pas de cette dernière, comme elle n'en était pas capable à l'époque, car elle ne l'avait qu'une fois dans ses bras, et ses affections n'avaient pas le temps de s'enlacer aussi équitablement autour d'elle. J'ai bien peur qu'elle ne se remette pas de sitôt, voire jamais, de cette épreuve. Même si elle était faible auparavant, elle s'est pourtant à peu près bien rétablie, mais cela n'a pas seulement affecté son esprit, mais son corps est tellement affecté qu'elle n'est pas bien capable de s'asseoir tant que son lit est fait et qu'elle a à peine goûté de la viande. c'est-à-dire de la nourriture] depuis lundi soir, et jusqu'à ce qu'un certain temps se soit écoulé, nous ne pouvons pas dire comment elle va. Il n'y a personne, hormis un parent lui-même, qui puisse pleinement sympathiser avec quelqu'un dans un tel état. David est également très touché, mais on ne le sait pas très bien, et les branches les plus jeunes de la famille sont touchées mais ce ne sera que momentané. Mais hélas, dans tout ce vaste bruit, il n'y a que la tristesse du monde qui produit la mort. Oh, comme ce serait une joie si nous étions aussi amers pour le péché que pour la perte d'un premier-né. Oh, comme les personnes ou les familles sont inaptes aux épreuves qui ne connaissent pas l'art divin de confier tous leurs soucis au Seigneur, et quelles multitudes y a-t-il qui, lorsque les conforts terrestres leur sont enlevés, peuvent bien dire : Qu'ai-je de plus ? tout leur plaisir est placé dans telle ou telle chose du monde, et qui peut les blâmer de se séparer involontairement de ce qu'ils estiment leur principal bien ? Oh que nous ayons été sages d'amasser des trésors en cas de besoin, car c'est vraiment une affaire solennelle d'entrer en lice avec le roi des terreurs. Il est étrange que les vivants prennent si peu les choses à cœur jusqu'à ce qu'ils soient obligés de s'engager dans cette guerre où il n'y a pas de décharge. O si ma tête était de l'eau et mes yeux une fontaine de larmes pour que je puisse pleurer jour et nuit sur ma propre stupidité et sur celle des autres dans cette grande affaire. Ô pour la grâce d'accomplir chaque travail quotidien au moment opportun et de vivre au-dessus du train tentant et trompeur des choses terrestres. Le reste de la famille se porte plutôt bien. Je suis depuis quelques jours dans un état pire que depuis huit mois, mais je pourrais bientôt aller mieux. Je suis dans la même situation que celle dans laquelle j'ai souvent été auparavant, mais il n'y a aucune sécurité pour qu'il en soit toujours ainsi, car je sais que le moment ne peut pas être loin où je serai l'un de ceux qui le furent autrefois. Je n'ai pas d'autres nouvelles à vous envoyer, et aussi peu de cœur pour elles. J'espère que vous saisirez l'occasion d'écrire le plus tôt possible et que vous serez particulièrement attentif à Margaret, car elle a besoin de consolation.

Il est mort exactement une semaine après avoir écrit cette lettre, mais ma mère devait vivre encore quarante-quatre ans. Et des joies d'un genre jamais partagé par lui devaient lui venir si abondamment, si longtemps, que, aussi étrange que cela lui eût semblé de le savoir, sa vie plus pleine avait à peine commencé. Et avec les joies devaient venir la douleur et le chagrin de leurs doux camarades effrayés ; encore une fois, elle devait être touchée au vif, être encore et encore si malade que «elle est dans la vie, nous ne pouvons pas en dire plus», mais elle avait quand même des assistantes très «empressées» pour l'aider, dont certaines n'étaient pas encore nées en elle. le temps du père.

Elle m'a tout raconté et mes souvenirs de notre petite ville rouge sont donc colorés par ses souvenirs. Je le connaissais tel qu'il était depuis des générations, et tout à coup je l'ai vu changer, et la transformation ne pouvait manquer de frapper un garçon, car ces premières années sont les plus impressionnables (rien de ce qui arrive après douze ans n'a beaucoup d'importance) ; ce sont aussi les années les plus vivantes quand on regarde en arrière, et d'autant plus vivantes qu'il faut regarder plus loin, jusqu'à ce que, à la fin, ce qui se trouve entre les virages comme un cerceau et les extrêmes se rencontre. Mais bien que la nouvelle ville soit pour moi un miroir à travers lequel je regarde l'ancienne, les gens que je vois parcourir ces wynds , assis, le dernier verre, sur leurs brancards, clopinant dans leurs noirs pour se rendre à l'église le dimanche, sont moins ceux que j'ai vus dans mon enfance que leurs pères et mères qui faisaient ces choses de la même manière quand ma mère était jeune. Je ne peux pas imaginer cet endroit sans la voir, petite fille, venir à la porte d'une certaine maison et battre sa basse contre le bout du marteau , ou il y a un mariage ce soir, et la voiture avec le blanc- un cheval à oreilles est envoyé chercher une jeune fille en bleu pâle, dont les cordons de bonnet se nouent sous le menton.

CHAPITRE III
CE QUE JE DEVRAIS ÊTRE

Ma mère était une grande lectrice et, avec dix minutes à perdre avant que l'amidon ne soit prêt, elle commencerait le « Déclin et l'automne » – et le terminerait également cet hiver-là. Les mots étrangers dans le texte l'ennuyaient et lui faisaient déplorer son manque d'éducation classique - elle n'avait fréquenté une école pour dames que pendant quelques mois faciles - mais elle ne passait jamais sous silence les mots étrangers jusqu'à ce que leur sens lui soit expliqué, et la prochaine fois, elle et ils se sont rencontrés en tant que connaissances, ce qui, je pense, était intelligent de sa part. Un de ses plaisirs était d'apprendre de moi des bribes d'Horace, et de les mettre ensuite dans sa conversation avec des « hommes universitaires ». Je l'ai rencontrée dans des endroits isolés, comme au sommet de l'escalier ou dans la pièce est, marmonnant ces citations à voix haute, et je me souviens très bien de la façon dont elle disait aux visiteurs : « Oui, oui, c'est très vrai, docteur, mais comme vous le savez, « Eheu fugaces , Postume , Postume , labuntur anni, » ou « Sal, M. Untel, ma fille se porte bien, mais ne serait-il pas plus pertinent de dire : « O matra pulchra filia pulchrior "?" ce qui les étonnait beaucoup si elle arrivait au bout sans être projetée, mais d'habitude elle avait un éclat de rire au milieu, et ainsi ils la découvraient.

La biographie et l'exploration étaient ses lectures préférées , de préférence les biographies d'hommes qui avaient été bons envers leurs mères, et elle aimait que les explorateurs soient en vie pour pouvoir frémir à l'idée de s'aventurer à nouveau ; mais même si elle exprimait l'espoir qu'ils auraient désormais le sens de rester à la maison, elle rayonnait d'admiration quand ils la décevaient. Plus tard, j'avais une amie qui était une exploratrice africaine, et elle avait des doutes à son sujet ; il était pour elle l'un des mortels les plus captivants, elle l'admirait prodigieusement, le représentait à la tête de sa caravane, tantôt attaqué par des sauvages, tantôt par des bêtes sauvages, et l'adorait pour les heures difficiles qu'il lui donnait, mais elle était Elle avait aussi peur qu'il veuille m'emmener avec lui, et elle a alors pensé qu'il devait être réprimé par la loi. Les mères d'explorateurs l'intéressaient aussi beaucoup ; les livres pouvaient ne rien lui dire à leur sujet, mais elle pouvait les créer elle-même et se tordre les mains en sympathie avec eux alors qu'ils n'avaient plus de nouvelles de lui depuis six mois. Pourtant, il y avait des moments où elle lui en voulait, comme le jour où il revenait victorieux. Alors, ce qui se trouvait devant ses yeux n'était pas le fils qui revenait à la maison, mais une vieille femme qui le cherchait par le rideau de la fenêtre et essayait de ne pas avoir l'air soulevée. Les articles de journaux parleraient probablement du fils, mais le commentaire de ma mère était : « C'est une femme fière ce soir. »

Nous avons lu beaucoup de livres ensemble quand j'étais enfant, "Robinson Crusoé" étant le premier (et le deuxième), et "Les Mille et Une Nuits" aurait dû être le prochain, car nous l'avons sorti de la bibliothèque (un sou pour trois jours).), mais en découvrant que c'étaient des nuits où nous avions payé des chevaliers, nous avons envoyé ce volume dans nos bagages, et depuis, j'y ai retroussé les lèvres. « Le Progrès du Pèlerin » que nous avions dans la maison (c'était une possession aussi courante qu'une tête de commode), et j'en étais tellement amoureux que j'ai transformé notre jardin en marais du découragement, avec des bâtonnets de pois pour représenter Christian sur son des voyages et un buffet pour son fardeau, mais quand j'ai traîné ma mère pour voir mon travail, elle a eu peur, et j'ai senti pendant des jours, avec une certaine exaltation, que j'avais été un personnage sombre. En plus de lire tous les livres que nous pouvions louer ou emprunter, j'en achetais aussi un de temps en temps, et tout en achetant (c'était l'occupation de plusieurs semaines), je lisais, debout au comptoir, la plupart des autres livres de la boutique, ce qui est peut-être le plus intéressant. une façon exquise de lire. Et j'ai lu un magazine intitulé « Sunshine », le périodique le plus délicieux, j'en suis sûr, de tous les jours. Cela coûtait un demi-penny ou un penny par mois et, si je me souviens bien, il y avait toujours une histoire continue sur la fille la plus chère qui vendait du cresson, qui est une friandise non cultivée et, je suppose, jamais vue dans ma ville natale. Cette petite créature romantique a tellement envahi mon imagination que je ne peux même pas manger du cresson sans émotion. Je restais allongé dans mon lit en me demandant ce qu'elle ferait dans le prochain numéro ; J'ai perdu des truites parce que lorsqu'elles les grignotaient, mon esprit errait avec elles ; ma jeunesse a été aigrie par le fait qu'elle n'arrivait pas régulièrement le premier du mois. Je ne sais pas si c'était dû au fait qu'elle avait erré pendant un mois en route au point que la chair et le sang ne pouvaient le supporter, ou parce que nous avions épuisé la bibliothèque à un sou, mais un jour j'ai eu une idée glorieuse, ou elle a été mise dans mon dirigé par ma mère, alors désireuse de progresser avec son nouveau foyer nuageux . L'idée n'était rien de moins que ceci : pourquoi ne devrais-je pas écrire les contes moi-même ? Je les ai écrits – dans le grenier – mais ils ne l'ont en aucune façon aidée à poursuivre son travail, car lorsque j'avais fini un chapitre, je descendais pour le lui lire, et si les chapitres étaient courts, si la plume était prête. , que j'étais de retour avec un nouveau manuscrit avant qu'un autre poids ne soit ajouté au tapis. La paternité semblait, comme sa préparation de bannique , consister à courir entre deux points. C'étaient tous des contes d'aventures (le plus heureux est celui qui écrit des aventures), aucun personnage n'était admis à l'intérieur si je connaissais leurs semblables en chair et en os, la scène se déroulait dans des lieux inconnus, des îles désertes, des jardins enchantés, avec des chevaliers (aucune de vos nuits) sur des coursiers noirs, et au premier coin une dame vendant du cresson.

Vers douze ans, j'ai mis de côté pendant un certain temps ma vocation littéraire, ayant fréquenté une école où le cricket et le football étaient plus appréciés, mais au cours de l'année qui a précédé mon entrée à l'université, elle s'est réveillée et j'ai écrit une grande partie d'un trois -roman en volume. L'éditeur a répondu que la somme pour laquelle il l'imprimerait était de cent et... mais ce n'était pas le point important (j'avais six pence) : là où il nous a poignardés tous les deux, c'est en écrivant qu'il me considérait comme une « dame intelligente ». J'ai répondu avec raideur que j'étais un gentleman, et depuis lors j'ai gardé ce manuscrit caché. Je l'ai parcouru récemment, et, oh, mais c'est ennuyeux ! Je défie quiconque de le lire.

La malveillance des éditeurs ne pouvait cependant pas me faire reculer. Depuis le jour où j'ai goûté pour la première fois du sang dans le grenier, ma décision était prise ; il ne pouvait y avoir de métier de tambour effroyable pour moi ; la littérature était mon jeu. Cela n'a pas été très apprécié par ceux qui me souhaitaient bonne chance. Je me souviens que deux jeunes filles m'ont demandé, à propos du moment où j'avais quitté l'université, ce que je devais être, et quand j'ai répondu effrontément : « Un auteur », elles ont levé les mains et l'une d'entre elles s'est exclamée avec reproche : « Et vous, un MA. !' Au début, les opinions de ma mère n'étaient pas différentes ; pendant longtemps, elle a pris les miens en plaisantant comme quelque chose dont je devais sortir, et ensuite ils lui ont fait du mal au point que j'ai essayé de les abandonner. Être ministre – c'était, à son avis, l'une des perspectives les plus belles, mais c'était une femme très ambitieuse, et parfois elle ajoutait, à moitié effrayée par son appétit, qu'il y avait des ministres qui étaient devenus professeurs, « mais ce n'était pas malin de pensez à de telles choses.

Je n'avais qu'une seule personne à mes côtés, un vieux tailleur, l'un des hommes les plus complets que j'aie jamais connus, et le plus beau parleur. C'était un célibataire (il m'a dit tout ce qu'il y a à savoir sur la femme), un homme maigre, au visage pâle, les jambes relevées quand il marchait comme s'il portait toujours quelque chose sur ses genoux ; ses promenades étaient des plus courtes, de la théière sur la plaque de cuisson à la planche sur laquelle il cousait, de la planche à la plaque de cuisson, et ainsi jusqu'au lit. Il aurait pu sortir si l'idée lui était venue, mais au cours des années où je l'ai connu, les dernières de sa vie courageuse, je pense qu'il n'a été exposé à l'air libre que deux fois, lorsqu'il a « volé » et a changé de chambre pour une autre pas loin. Je ne l'ai pas vu faire ces voyages, mais il me semble le voir maintenant, et il est un peu étourdi par cette atmosphère étrange ; dans une main il porte un fer à repasser, il lève l'autre en se demandant ce qu'il a sur la tête, c'est un chapeau ; une légère odeur de tissu roussi l'accompagne. Cet homme avait entendu parler de ma série de photographies de poètes et avait demandé à les voir, ce qui a conduit à notre première rencontre. Je me souviens comment il les étala sur sa planche et, après les avoir longuement regardés, il tourna son regard vers moi et dit solennellement :

> Que puis-je faire pour être connu à jamais,
> et m'approprier cet âge ?

Ces lignes de Cowley étaient nouvelles pour moi, mais le sentiment n'était pas nouveau, et je m'émerveillais de voir comment le vieux tailleur pouvait si bien voir à travers moi. C'était donc étrange pour moi de découvrir maintenant qu'il n'avait pas du tout pensé à moi, mais à sa propre jeunesse, lorsque ce couplet chantait dans sa tête, et que lui aussi avait soif de partir pour Grub Street, mais Il eut peur, et pendant qu'il hésitait, la vieillesse vint, puis la mort, et le trouva tenant un fer à repasser.

Je me suis dépêché de rentrer chez moi avec la bouchée, mais des voisins étaient passés, et c'était pour ses oreilles seulement, alors je l'ai attirée vers l'escalier et lui ai dit impérieusement :

> Que puis-je faire pour être connu à jamais,
> et m'approprier cet âge ?

C'était une demande étrange que de la faire sortir d'une table à thé, et elle a dû être surprise, mais je pense qu'elle ne riait pas, et des années plus tard, elle répétait les lignes avec tendresse, avec une rougeur sur son doux visage. "C'est le genre de personne que tu aimerais être toi-même !" lui disions-nous en plaisantant, et elle répondait presque passionnément : « Non, mais j'aurais envie d'être sa mère. Il est possible qu'elle aurait pu être sa mère si cet autre fils avait vécu, il aurait pu y parvenir par pur amour pour elle, mais pour ma part, je peux maintenant sourire à l'une de ces deux silhouettes dans l'escalier, ayant renoncé depuis longtemps à rêver d'être connu à jamais, et de me voir plus proche de mon ami le tailleur, car comme on l'a trouvé à la fin sur sa planche, ainsi j'espère qu'on me retrouvera à mon métier à main, faisant honnêtement le travail qui me convient le mieux . Qui devrait savoir aussi bien que moi qu'il ne s'agit que d'un métier à tisser comparé aux grands canons qui résonnent à travers les âges à venir ? Mais celle qui se tenait avec moi dans l'escalier ce jour-là était une femme très simple, habituée toute sa vie à tirer le meilleur parti des petites choses, et je tissais assez bien pour lui plaire, ce qui a été ma seule ambition constante depuis que je suis petit. garçon.

Ce n'était pas moins que le mien qui était devenu son désir que j'obtienne ce que je voulais – mais, ah, les sièges en fer dans ce parc d'horrible réputation, et cette pièce nue au sommet de nombreux escaliers ! Pendant que j'étais à l'université, elle a vidé toutes les bibliothèques disponibles pour trouver des livres sur ceux qui vont à Londres pour vivre de la plume, et ils ont tous raconté la même histoire frissonnante. Londres, qu'elle n'a jamais vue, était pour elle un monstre qui léchait les jeunes de la campagne à la descente du train ; il y avait les mansardes dans lesquelles ils s'asseyaient abjects, et les sièges du parc où ils passaient la nuit. Ces sièges du parc étaient les yeux brillants du monstre, et lorsque je passe devant eux, elle est maintenant plus proche de moi que lorsque je me trouve dans n'importe quel autre quartier de Londres. J'ose dire que la nuit venue, ce Hyde Park si gai le jour est hanté par les fantômes de nombreuses mères, qui courent, les yeux hagards, de siège en siège, à la recherche de leurs fils.

Mais si nous parvenions à éviter ces sièges mornes , elle avait hâte de me voir tenter ma chance, et j'ai cherché à les exclure du tableau en dessinant des cartes de Londres sans Hyde Park. Londres était aussi étrange pour moi que pour elle, mais bien avant que je sois abattu dessus , je la connaissais grâce à des cartes et je les dessinais avec plus de précision que je ne pouvais les dessiner maintenant. Bien souvent, elle et moi avons fait une promenade ensemble à travers la carte, et nous étions très joyeux, entrant dans les bureaux télégraphiques pour télégraphier à mon père et à ma sœur que nous ne devrions rentrer que tard, faisant un clin d'œil à mes livres dans les vitrines seigneuriales, déjeunant à restaurants (et n'oubliez pas de ne pas appeler cela un dîner), en disant : « Comment ça va ? à M. Alfred Tennyson lorsque nous l'avons croisé dans Regent Street, appelant chez les éditeurs pour un chèque, quand « Veux-tu t'en occuper, ou dois-je ? » demandai-je gaiement, et elle serait sûre de répondre : « Je pense que nous ferions mieux de l'apporter à la banque et de récupérer l'argent », car elle se sentait toujours plus sûre de l'argent que des chèques ; nous sommes donc allés à la banque (« Deux dizaines, et le reste en or »), et de là immédiatement (en taxi) jusqu'à l'endroit où l'on achète des manteaux en peau de phoque pour les vieilles dames moyennes. Mais avant que le rire ne soit terminé, le parc apparaîtrait sur la carte comme une tache.

« Si seulement tu pouvais être sûr de tout ce qui peut maintenir le corps et l'âme ensemble », disait ma mère avec un soupir.

« J'ai quelque chose de fini, mère, à t'envoyer.

"On ne pouvait pas s'attendre à ça au début."

La fille que j'aurais dû courtiser maintenant, c'était le journalisme, cette grisette de la littérature qui a le sourire et la main pour tous les débutants, les accueille sur le seuil, leur apprend tout ce qui vaut la peine d'être connu, les présente à l'autre dame qu'ils ont adoré de loin, leur montrant même comment la courtiser, puis leur offrant une brillante vitesse divine - c'était un ingrat qui, ayant eu sa joyeuse compagnie, ne lui jette plus un baiser sur leur passage. Mais même si elle ne ressent aucune rancune lorsqu'elle est abandonnée, vous devez la servir fidèlement tant que vous êtes à elle, et vous devez la rechercher et faire grand cas d'elle, et, jusqu'à ce que vous puissiez compter sur sa bonté (notez ceci), pas un mot sur l'autre dame. Quand enfin elle m'a accueilli, je l'ai tellement aimé que je l'ai appelée par le nom de l'autre, et même maintenant je pense parfois qu'il y avait plus de plaisir chez la petite sœur, mais j'ai commencé par la courtiser avec des contributions qui étaient toutes inadaptés. Dans un vieux livre, je trouve des colonnes de notes sur des travaux projetés à cette époque, presque toutes constituées d'essais sur des sujets profondément inintéressants ; le plus léger était un volume sur les satiristes plus âgés, en commençant par Skelton et Tom Nash - la moitié de ce manuscrit se trouve encore dans un coffre poussiéreux - la seule histoire concernait Mary, reine d'Écosse, qui faisait également l'objet de nombreux articles non écrits. . La reine Mary semble m'avoir attiré vers ma perte depuis que j'ai vu Holyrood, et j'ai une horrible peur de pouvoir écrire ce roman encore. Qu'on puisse écrire quoi que ce soit sur mon pays natal ne m'a jamais frappé. Nous avions lu quelque part qu'un romancier est mieux armé que la plupart des autres s'il se connaît lui-même et connaît une femme, et ma mère m'a dit : « Vous vous connaissez, car tout le monde doit se connaître soi-même » (il n'y a jamais eu de femme qui en savait moins sur elle-même). qu'elle), et elle ajoutait tristement : « Mais je doute que je sois la seule femme que vous connaissez bien.

"Alors je dois faire de toi mon héroïne", dis-je d'un ton léger.

« Une héroïne aux allures de vieille et vieille fille ! » » dit-elle, et nous avons tous deux ri de cette idée – nous avions si peu lu l'avenir.

donc évident quelles étaient mes qualifications lorsque j'ai été engagé à la légère comme rédacteur de journaux (c'est ma sœur qui a vu l'annonce) dans un journal provincial anglais. À ce moment-là, j'étais aussi heureux que les autres, car l'occasion était enfin venue, avec ce que nous considérions tous comme un salaire prodigieux, mais j'étais recherché au début de la semaine, et je me suis soudain rendu compte que les dirigeants étaient les meilleurs. une chose que j'avais toujours ignorée. Dirigeants! Comment ont -ils été écrits ? de quoi parlaient-ils ? Ma mère était déjà assise, triomphante, parmi mes chaussettes, et je n'osais pas la laisser me voir trembler. Je me retirai pour réfléchir, et bientôt elle vint me voir avec le quotidien. Quels étaient les dirigeants ? elle voulait savoir, donc évidemment je ne pouvais obtenir aucune aide de sa part. Avait-elle encore des journaux ? J'ai demandé, et après avoir fouillé, elle en a sorti quelques-uns dont ses cartons avaient été remplis. D'autres, très poussiéreuses, sortaient de dessous les tapis, et enfin un tas de suie était traîné dans la cheminée. Entouré d'eux, je me suis assis et j'ai étudié comment devenir journaliste.

CHAPITRE IV
UN EDITEUR

Une dame pieuse, à qui un ami avait offert un de mes livres, avait l'habitude de dire lorsqu'on lui demandait comment elle s'en sortait : « Sal, c'est un travail morne, fatigant et difficile, mais j'ai lutté contre des tâches plus difficiles dans mon domaine. temps, et, s'il vous plaît à Dieu, je vais me battre avec celui-ci. C'est dans cet esprit, je le crains, même si elle ne me l'a jamais dit, que ma mère a lutté pendant un an ou plus avec mes dirigeants, et en fait j'ai toujours été sincèrement désolé pour les gens que je voyais les lire. Pendant mes heures libres, j'essayais un autre genre de journalisme et je l'envoyais à Londres, mais près de dix-huit mois se sont écoulés avant que me vienne, aussi inattendue qu'un télégramme, la pensée qu'il y avait quelque chose de pittoresque dans mon pays natal. Un garçon qui a découvert qu'un couteau avait été mis dans sa poche pendant la nuit n'aurait pas pu être plus surpris. Quelques jours plus tard, j'ai envoyé à ma mère un journal du soir de Londres avec un article intitulé « Une communauté Auld Licht », et on m'a dit que lorsqu'elle a vu le titre, elle a ri, parce qu'elle avait quelque chose de drôle à la vue des mots Auld. Lumière en version imprimée. Pour elle comme pour moi, ce journal allait bientôt avoir le visage d'un ami. Aujourd'hui encore, je ne passe jamais ses pancartes dans la rue sans lui serrer la main, et elle cousait ses pages ensemble avec autant d'amour que s'il s'agissait d'une robe d'enfant ; mais, à vrai dire, en lisant ce premier article, elle s'alarma et, craignant les bruits de la ville, elle cacha le journal à tous les regards. Pendant quelque temps après, tandis que je l'imaginais fièrement montrant cet article et des articles similaires à tous ceux qui s'intéressaient à moi, elle les cachait en réalité avec effroi dans une boîte à bande sur l'escalier du grenier. Et elle voulait savoir par retour de courrier si j'étais payé pour ces articles autant que pour de vrais articles ; lorsqu'elle apprit que j'étais mieux payé, elle rit de nouveau et les fit sortir de la boîte à musique pour les relire, et on ne peut nier qu'elle considérait l'éditeur londonien comme un brave garçon mais un peu doux.

Quand j'ai envoyé ce premier croquis , je pensais avoir épuisé le sujet, mais notre éditeur a écrit qu'il aimerait quelque chose de plus similaire, alors je lui ai envoyé un mariage, et il l'a accepté, puis je l'ai essayé avec des funérailles, et il l'a pris, et vraiment, on a commencé à avoir l'impression que nous l'avions. Or, on aurait pu découvrir ma mère, en réponse à certaines lettres excitées, jetant de ses genoux le paquet de chaussettes non raccommodées et « se lançant dans la littérature » ; elle se creusait la tête, sur demande, pour trouver des souvenirs que je pourrais transformer en articles, et ils me parvenaient dans des lettres qu'elle dictait à mes sœurs. Comme j'entendais bien ses paroles entre les lignes : « Mais le rédacteur en chef ne supportera jamais ça, c'est parfait, les connards . » — « Par ce poste, il faut que ça parte, je vous le dis ; il faut emmener le rédacteur en chef quand il a faim – on ne peut pas nous en vouloir, n'est-ce pas ? il les imprime de son plein gré, donc l' écrit lui appartient. » — « Mais je suis presque terrifié. — Si les Londoniens les lisent, nous sommes foutus. Et on m'a sondé sur l'opportunité de lui envoyer en cadeau une lippie de sablés, ce qui devait être sa manière astucieuse de le contourner. À ce moment-là, même si ma mère et moi étions à des centaines de kilomètres l'un de l'autre, vous pouvez nous imaginer nous agitant la main à travers le pays et criant « Hourra ! Vous pouvez également imaginer le rédacteur en chef dans son bureau pensant qu'il se comportait comme un homme d'affaires avisé et inconscient que, dans le nord, il y avait une vieille dame qui riait tellement de lui qu'elle pouvait à peine gratter les pommes de terre.

Je pouvais maintenant revoir ma mère et les sièges du parc n'étaient plus aussi visibles sur notre plan de Londres. Pourtant, ils étaient là, et c'est avec effort qu'elle a trouvé le courage de me laisser partir. Elle craignait les changements, et qui pouvait dire que l'éditeur continuerait à être gentil ? Peut-être que quand il m'a vu...

Elle semblait avoir très peur qu'il me voie, et cela, je dois le souligner, était une conséquence de mon apparence ou de mes manières.

Non, ce qu'elle voulait dire, c'est que j'avais l'air si jeune, et–et cela le surprendrait, car n'avais-je pas écrit en tant qu'homme âgé ?

"Mais il connaît mon âge, mère."

"J'en suis content, mais peut-être qu'il ne t'aimerait pas quand il te verrait."

« Oh, c'est ma manière, alors ! »

'Je ne dis pas ça, mais—'

Ici, ma sœur intervenait : « En bref et en long, c'est juste ça, elle pense que personne n'a de telles manières qu'elle. Pouvez-vous le nier, femme vaine ? Ma mère le nierait vigoureusement.

« Vous restez là, disait ma sœur avec un mépris affecté, et dites-moi que vous ne pensez pas que vous pourriez prendre le dessus sur cet homme plus rapidement que n'importe lequel d'entre nous ?

«Sal, je pense que je pourrais le gérer», dit ma mère en riant.

« Comment procéderiez-vous ? »

Alors ma mère se mettait à rire. "Je découvrirais d'abord s'il avait une famille, puis je dirais que c'était la meilleure famille de Londres."

« Oui, c'est exactement ce que vous feriez, femme rusée ! Mais s'il n'a pas de famille ?

« Je dirais que ce sont de grands hommes rédacteurs ! »

«Il verrait à travers vous.»

"Pas lui!"

« Vous ne comprenez pas que ce qui impose aux gens ordinaires ne trompera jamais un éditeur.

« C'est là que vous vous trompez. Doux ou simples, stupides ou intelligents, les hommes sont tous pareils entre les mains d'une femme qui les flatte.

"Ah, je suis sûr qu'il existe de meilleurs moyens de contourner un éditeur que cela."

« J'ose dire qu'il y en a », disait ma mère avec conviction, « mais si vous essayez ce plan, vous n'aurez jamais besoin d'en essayer un autre.

« Comme tu es rusée, maman, toi avec ton doux visage ! Ne pensez-vous pas que c'est honteux ?

'Caca!' dit ma mère effrontément.

"Je peux voir la raison pour laquelle tu es si populaire auprès des hommes."

"Oui, vous pouvez le voir, mais ils ne le verront jamais."

« Eh bien, comment vous habilleriez-vous si vous alliez au bureau de ce rédacteur ?

« Bien sûr, je porterais ma soie et mon bonnet du sabbat.

« C'est toi qui es myope maintenant, maman. Je vous le dis, vous le géreriez mieux si vous enfiliez simplement votre vieux châle gris et une de vos belles mutches blanches , et que vous entriez à moitié souriant et à moitié timide et disiez : « Je suis la mère de celui qui écrit sur les Auld Lichts. , et je veux que vous promettez qu'il n'aura jamais à dormir en plein air.

Mais ma mère secouait la tête et répondait presque avec chaleur : « Je vous le dis, si jamais j'entre dans le bureau de cet homme, j'y vais en soie.

J'ai écrit et j'ai demandé au rédacteur en chef si je devais venir à Londres, et il a dit non, alors je suis allé, chargé des accusations de ma mère, marcher au milieu de la rue (ils vous sautent dessus quand vous tournez un coin), ne jamais s'aventurer après le coucher du soleil, et toujours tout mettre sous clé (moi qui n'ai jamais pu rien mettre sous clé, sauf mon cœur en compagnie). Grâce à cette éditrice, car les autres n'auraient rien à me dire même si je frappais à toutes leurs portes, elle put bientôt dormir la nuit sans la crainte que je devrais me réveiller tout à l'heure avec les ferronneries de certains sièges figurés. ma personne, et ce qui la soulagea beaucoup, c'est que j'avais commencé à écrire comme si Auld Lichts n'était pas la seule personne que je connaissais. Tant que je m'en tenais à eux , elle avait la peur obsédante que, même si l'éditeur restait aveugle à son meilleur intérêt, quelque chose se fissurerait un jour en moi (comme le ressort d'une montre se brise) et ma plume refuserait d'écrire pour elle. toujours. « Oui, j'aime beaucoup cet article », disait-elle timidement, « mais je doute que ce soit le dernier – j'ai toujours une sorte de terreur que le nouveau soit peut-être le dernier », et si plusieurs jours s'écoulaient avant l'arrivée de dans un autre article, son visage disait tristement : « Le coup est tombé, il ne trouve plus rien à écrire. Si jamais j'ai partagé ses craintes , je ne le lui ai jamais dit, et les articles qui n'étaient pas écossais se sont multipliés jusqu'à ce qu'il y en ait des centaines, tous soigneusement conservés par elle : ils étaient la seule chose dans la maison qui, ayant servi à un seul but, elle ne s'est pas transformée en autre chose, mais ils pourraient lui donner des moments de malaise. C'était parce que j'assumais presque toujours un personnage lorsque j'écrivais ; Je dois être un hobereau de campagne, ou un étudiant de premier cycle, ou un majordome, ou un membre de la Chambre des Lords, ou une douairière, ou une dame appelée Sweet Seventeen, ou un ingénieur en Inde, sinon mon stylo était bouché, et bien que cela cela donnait à ma mère certaines joies effrayantes, la faisait rire inopinément (en ce qui concerne mes articles, elle riait presque toujours au mauvais endroit), cela lui faisait aussi peur. Cependant, à son grand amusement, le rédacteur continuait à préférer les journaux d'Auld Licht, comme le prouvait (à ceux qui le connaissaient) sa façon de penser que les autres passeraient tels qu'ils étaient, tandis qu'il les renvoyait et me demandait de faire eux mieux. Là encore, elle est venue à mon secours. J'avais dit que la rangée de bas était suspendue à une ficelle près du feu, ce qui était un souvenir personnel, mais elle pouvait me dire si elle était suspendue à l'envers. Elle est devenue très habile à m'envoyer ou à me donner (pour l'instant je pourrais être avec elle la moitié de l'année) les bons détails, mais elle souriait quand même au rédacteur en chef et, dans son humeur gaie, elle disait : « J'avais quinze ans quand j'ai reçu mon première paire de bottes à côtés élastiques. Dites-lui que ma charge pour cette importante nouvelle est de deux livres dix.

"Oui, mais même si nous nous en sortons bien, ce n'est pas la même chose que s'il s'agissait d'un livre avec votre nom dessus." Ainsi disait la femme ambitieuse avec un soupir, et j'ai fait de mon mieux pour transformer les croquis d'Auld Licht en un livre avec mon nom dessus. C'est peut-être alors que nous avons pleinement compris à quel point notre rédacteur en chef avait été un bon ami, car, tout comme je n'avais pu trouver aucun magazine bien connu - et je pense avoir tout essayé - qui publierait un article ou une histoire sur les pauvres de mon pays natal, terre, alors maintenant les éditeurs, écossais et anglais, ont refusé d'accepter le livre comme cadeau. J'étais prêt à le leur présenter, mais ils ne voulaient pas l'avoir sous quelque forme que ce soit ; il semblait y avoir un fléau sur tout ce qui était écossais. Je suppose que nous avons soupiré, mais jamais les collaborateurs n'ont été plus préparés au rejet, et même si ma mère pouvait parfois regarder avec mélancolie le manuscrit méprisé et murmurer : « Pauvre petite créature froide , enfermée dans un tiroir, es-tu morte ou tu dors simplement ? elle avait encore son rédacteur en chef pour lui dire grâce. Et enfin, des éditeurs suffisamment audacieux et bien plus que suffisamment généreux nous furent trouvés par une amie chère, qui rendit une femme très « élevée ». Il était également éditeur et a contribué autant à faire de moi un écrivain de livres que l'autre dans la détermination du sujet de ces livres.

Maintenant que je suis auteur, je dois entrer dans un club. Mais tu aurais dû entendre ma mère dans les clubs ! Elle n'en connaissait que ceux auxquels on s'abonne chaque semaine pour une somme dérisoire en prévision des jours de pluie, et les clubs londoniens étaient son mépris. Souvent je l'entendais parler, elle élevait la voix pour me faire entendre, quelle que soit la pièce où je me trouvais, et c'est quand elle était sarcastique que je disais le plus : « Trente livres, c'est ce qu'il devra payer la première année, et dix livres par an après cela. Vous pensez que c'est beaucoup d' argent ? Oh non, tu te trompes , ce n'est rien. Pour le tiers de trente livres, vous pourriez louer une maison de quatre pièces, mais qu'est-ce qu'une maison de quatre pièces, qu'est-ce que trente livres, comparée à la gloire d'être membre d'un club ? Où entre la gloire ? Sal, tu n'as pas besoin de me le demander, je ne suis qu'un vieux vieux qui n'a jamais mis les pieds dans un club, donc je ne connais pas grand-chose à la gloire. Mais je peux vous dire que si vous séjournez à Londres et que vous ne pouvez pas devenir membre d'un club, le mieux que vous puissiez faire est de vous attacher une corde autour du cou et de vous échapper du monde. A quoi servent-ils ? Oh, ils sont terriblement utiles. Vous voyez, il ne faut pas qu'un homme à Londres dîne dans son logement. D'autres hommes hochent la tête. Il doit rejoindre son club s'il veut être respecté. Est-ce qu'il a de bons dîners au club ? Oh, ils sont vaches ! On n'obtient pas de boeuf commun dans les clubs ; il y a une multitude de choses différentes, toutes préparées pour ne pas se ressembler . Même les pommes de terre Daurna ressemblent à des pommes de terre. Si la nourriture dans un club ressemble à ce qu'elle est, les membres courent partout, levant les mains et criant : « Malheur à moi ! Ensuite, c'est autre chose, vous recevez vos lettres au club plutôt qu'à votre logement. Vous voyez que vous les récupéreriez plus tôt chez vous, et vous devrez peut-être parcourir des kilomètres jusqu'au club pour les obtenir, mais c'est un grand avantage, et bon marché à trente livres, n'est-ce pas ? Je me demande qu'ils puissent le faire à ce prix-là.

Ma politique la plus sage était de rester en bas lorsque ces explosions dévastatrices éclataient, mais je suis probablement monté en état de légitime défense .

« Je ne t'ai jamais vue aussi pugnace, mère.

« Oh », répondait-elle promptement, « vous ne pouvez pas vous attendre à ce que je sois vif dans mon approche alors que je ne suis pas » membre d'un club.

«Mais la difficulté est de devenir membre. Ils sont très pointilleux sur ceux qu'ils élisent, et j'ose dire que je n'y entrerai pas.

« Eh bien, je ne suis qu'un pauvre créature (n'étant pas membre d'un club), mais je pense que je peux vous dire de vous rassurer sur ce point. Tu entreras, je suis uphaud … et tes trente livres entreront aussi.

"Si j'y entre, ce sera parce que l'éditeur me soutient."

«C'est la première mauvaise chose que j'entends de lui.»

« Vous ne pensez pas qu'il doive toucher les trente livres, n'est-ce pas ?

"En fait, si je le faisais , je serais plus content, car il a été un bon ami pour nous, mais ce qui me rend fou, c'est que chaque centime devrait aller à ces canailles au visage nu."

« Quels canailles au visage nu ?

"Ceux qui ont le club."

"Mais tous les membres ont le club entre eux."

« Les possesseurs ! Je ne veux pas être attrapé avec des balles.

« Mais tu ne me crois pas ?

«Je crois qu'ils vous ont rempli la tête de leurs histoires jusqu'à ce que vous avaliez tout ce qu'ils vous disent. Si la place appartient aux membres, pourquoi doivent-ils payer trente livres ?

"Pour que ça continue."

« Ils ne doivent pas payer leurs dîners, alors ? »

"Oh oui, ils doivent payer un supplément pour le dîner."

"Et un prix très noir, je pense."

"Eh bien, cinq ou six shillings."

'Est-ce tout? Losh , ce n'est rien, je me demande s'ils n'augmenteront pas le prix.

Néanmoins ma mère était d'un sexe qui méprisait les préjugés et, abandonnant le sarcasme, elle me contre-interrogeait parfois comme si sa décision n'était pas encore prise. « Dites-moi ceci, si vous tombiez malade, recevrais-vous une allocation hebdomadaire en dehors du club ? »

Non, ce n'était pas ce genre de club.

'Je vois. Eh bien, j'essaie juste de savoir de quel genre de club il s'agit. Est-ce que vous en retirez quelque chose en cas d'accident ?

Pas un centime.

« Quelque chose à l'heure du Nouvel An ?

Pas même une oie.

« Y a-t-il une chose mortelle que vous obtenez gratuitement grâce à ce club ?

Il n'y avait rien de mortel.

« Et trente livres, c'est ce que vous payez pour ça ?

Si le comité m'élu.

« Combien y a-t-il dans le comité ?

Environ une douzaine, pensais-je.

'Une douzaine! Oui, oui, ça fait deux livres dix pièce.

Lorsque j'ai été élu, j'ai pensé qu'il serait sage d'envoyer ma sœur à l'étage pour lui annoncer la nouvelle. Ma mère repassait et ne faisait aucun commentaire, sauf avec le fer, que j'entendais claquer plus violemment dans sa boîte. Bientôt, je l'entendis rire – de moi sans doute, mais elle avait repris le contrôle de son visage avant de descendre pour me féliciter sarcastiquement. C'était une grande nouvelle, dit-elle sans un clin d'œil, et je dois écrire et remercier le comité, les nobles critturs . J'ai vu derrière son masque et j'ai maintenu un silence digne, mais elle aurait une autre chance de me tirer dessus. « Et dites-leur, » dit-elle depuis la porte, « que vous doutiez d'être élu, mais votre vieille mère avait toujours la grande confiance qu'ils vous arracheraient. Je l'ai entendue rire doucement alors qu'elle montait les escaliers, mais même si je lui avais fait une blague, je savais qu'elle était brûlante de dire au comité ce qu'elle pensait d'eux.

L'argent, voyez-vous, comptait tellement pour elle, même si, même au plus pauvre, elle était la donatrice la plus joyeuse. Autrefois, quand l'article arrivait, elle ne le lisait pas d'un coup, elle comptait d'abord les lignes pour savoir ce qu'on obtiendrait en échange : elle et la fille qui lui était si chère avaient calculé le prix par ligne, et Je me souviens avoir entendu une fois une discussion entre eux sur la question de savoir si ce sous-titre signifiait six pence supplémentaires. Oui, elle connaissait la valeur de l'argent ; elle avait toujours fini par obtenir ce qu'elle voulait, mais maintenant elle pouvait les obtenir plus facilement, et cela transformait sa vie simple en un conte de fées. Très souvent, à cette époque, elle tombait brusquement à genoux ; nous la retrouverions ainsi et nous repartirions sans bruit. Après sa mort, j'ai découvert qu'elle avait conservé dans une petite boîte, avec une photo de moi enfant, les enveloppes qui avaient contenu mes premiers chèques. Il y avait un petit ruban autour d'eux.

CHAPITRE V
UN JOUR DE SA VIE

Je voudrais rappeler un jour de sa vie tel qu'il était à cette époque, où son esprit était toujours aussi brillant et sa main aussi avide, mais où elle n'était plus capable de faire beaucoup de travail. Cela ne devrait pas être difficile, car elle se répétait de jour en jour et pourtant elle le faisait avec une déraison surnaturelle qui lui procurait toujours un nouveau plaisir. Notre amour pour elle était tel que nous pouvions facilement dire ce qu'elle ferait dans des circonstances données, mais elle avait toujours une nouvelle façon de le faire.

Eh bien, au lever du jour, elle se réveille, s'assoit dans son lit et se tient au milieu de la pièce. Elle était si agile le matin (un de nos ennuis avec elle) que ces trois actions doivent être considérées comme une seule ; elle est par terre avant que vous ayez le temps de les compter. Elle a des ordres stricts de ne pas se lever tant que son feu n'est pas allumé, et après les avoir brisés, une exaltation sage apparaît sur son visage. La question est de savoir quoi faire avant qu'elle ne soit attrapée et pressée de se recoucher. Ses doigts picotent pour préparer le petit-déjeuner ; elle aimerait beaucoup plomber la grille, mais cela pourrait réveiller sa fille du côté de laquelle elle a si habilement glissé. Elle aperçoit le paravent au pied du lit et aussitôt son visage doux devient très déterminé. Pour la protéger des courants d'air, le paravent avait été amené ici depuis la salle seigneuriale est, où il ne servait à rien. Mais à son avis , c'était trop beau pour être utilisé ; il appartenait à la pièce est, où elle pouvait l'observer agréablement ; elle s'était opposée à son retrait, et était même devenue démoralisée. C'est maintenant son opportunité. L'écran est une chose encombrante, mais elle le porte toujours comme une souris, et ils sont bien sous le poids lorsqu'il heurte le support à gaz dans le passage. L'instant d'après, une main de reproche l'arrête. Elle a du mal à se lever du lit, elle le nie – debout dans le couloir. Doucement ou obstinément , elle retourne se coucher, et ce n'est pas une satisfaction pour vous que vous puissiez dire : « Eh bien, eh bien, de toutes les femmes ! » et ainsi de suite, ou « Vous saviez sûrement que l'écran a été amené ici pour vous protéger », car elle répondra avec mépris : « Qui touchait l'écran ?

A ce moment- là, je me suis réveillé (je suis à travers le mur) et je les rejoins anxieux : ma mère est si souvent tombée malade la nuit que le moindre bruit venant de sa chambre réveille la maison. Elle est de nouveau au lit, comme si elle n'en était jamais sortie, mais je la connais et j'écoute sévèrement le récit de ses méfaits. Elle n'est pas contrite. Oui, peut-être qu'elle avait promis de ne pas s'aventurer sur les sols froids de l'aube, mais elle ne s'était levée qu'un instant, et nous l'avons simplement invitée à parler de courants d'air - les courants d'air n'existaient pas dans sa jeunesse. - et c'est plus qu'elle ne peut faire (ici, elle tente à nouveau de se lever mais nous la maintenons au sol) de rester là et de regarder ce bel écran se gâter. Je réponds que la beauté de l'écran a toujours été son misérable défaut : ho, là ! pour un couteau avec lequel gâcher sa beauté et faire de la chambre sa maison idéale. Comme il n'y a pas de couteau sous la main, mon pied fera l'affaire ; Je lève mon pied, et puis — elle voit qu'il est nu, elle me crie avec enthousiasme de me recoucher de peur que je n'attrape froid. Car, même si, toujours insouciante d'elle-même, elle se promène sans chaussures dans la maison et nous dit de ne pas parler mal quand nous la grondons, la vue de l'un de nous tout aussi négligent réveille immédiatement son anxiété. Elle est maintenant prête à signer n'importe quel vœu si seulement je remets mes pieds nus au lit, mais elle est probablement bientôt après moi dans les siens pour s'assurer que je suis bien couvert.

Il est à peine six heures, et nous avons tous promis de dormir encore une heure, mais dans dix minutes elle est sûre que huit heures ont sonné (maison déshonorée), ou que si ce n'est pas le cas, quelque chose ne va pas avec l'horloge. L'instant suivant, elle est capturée alors qu'elle descendait pour remonter l'horloge. Alors évidemment, nous devons être debout et faire, et comme nous n'avons pas de domestique, ma sœur disparaît dans la cuisine, après m'avoir d'abord demandé de voir que « cette femme » reste immobile, et « cette femme » crie qu'elle reste toujours immobile. , alors de quoi on se plaint ?

Elle est debout maintenant et vêtue de son épais pagne marron ; sur ses épaules (de peur qu'elle ne s'égare malgré notre vigilance) se trouve un châle, qu'elle n'a pas placé là de ses propres mains, et sur sa tête un délicieux mutch . Oh si je pouvais chanter le pæan du mutch blanc (et le chant funèbre du bonnet noir élaboré) du jour où elle a appelé la sorcellerie à son aide et l'a fabriqué avec des flocons de neige, et les chères mains usées qui l'ont lavé tendrement dans une bassine, et son amidonnage, et le fer à repasser pour ses volants exquis qui ressemblaient à des boucles de sucre, et les doux rubans avec lesquels il se nouait sous le menton ! L' honorable mutch enneigé , comme j'aime le voir me sourire aux portes et aux fenêtres des pauvres ; il est toujours souriant – parfois peut-être un sourire nostalgique vacillant, comme si une larme était cachée parmi les volants. Cent fois, j'ai retiré le bonnet sans caractère de la tête de ma mère, j'ai remis le mutch à sa place et j'ai noué les bandes sous son menton, tandis qu'elle protestait mais était très contente. Car au fond de son cœur, elle savait ce qui lui convenait le mieux et elle l'admettait, rayonnante, lorsque je lui mettais un miroir dans les mains et lui disais de regarder ; mais néanmoins le plafond ne coûtait pas moins qu'un tel, alors que... Était-ce un coup à la porte ? Elle est partie, pour mettre sa casquette !

Elle commence la journée au coin du feu avec le Nouveau Testament dans les mains, un vieux volume aux pages volantes joliment refixées, et ses couvertures cousues et recousues par elle, si bien qu'on dirait qu'il ne peut jamais tomber en morceaux. Il est à moi maintenant, et pour moi les fils noirs avec lesquels elle l'a cousu font partie du contenu. Elle lisait les autres livres de la manière ordinaire, mais celui-ci différemment, ses lèvres remuant à chaque mot comme si elle lisait à haute voix et son visage très solennel. Le Testament reste ouvert sur ses genoux longtemps après qu'elle a cessé de lire, et l'expression de son visage n'a pas changé.

Je l'ai vue lire d'autres livres tôt dans la journée, mais jamais sans un air coupable, car elle pensait que lire n'était guère respectable que jusqu'à la nuit tombée. Elle passe la matinée à ce qu'elle appelle ne rien faire, ce qui peut consister à coudre si fort qu'on jurerait qu'elle a été une couturière surmenée toute sa vie, ou on la retrouve sur une table avec des clous dans la bouche, et tantôt il faut la chasser de la mansarde (elle a tout à coup décidé de changer ses rideaux), ou bien elle est sous le lit à chercher des cartons à ruban et à demander sévèrement où nous avons mis ce bonnet. Dans l'ensemble, elle se comporte aujourd'hui de la manière la plus exemplaire (nous ne l'avons pas surprise une seule fois en train d'essayer de sortir au lavoir), et nous la complimentons à l'heure du dîner, en partie parce qu'elle le mérite, en partie pour faites-lui se croire si bonne qu'elle mangera quelque chose, juste pour maintenir son nouveau caractère. Je me demande si une heure de sa vie a été consacrée à la nourriture ; dans ses grands jours, manger lui semblait une perte de temps, et ensuite elle ne mangeait que pour s'en vanter, comme pour nous plaire. Elle se souvenait rarement si elle avait dîné, mais elle présumait toujours qu'elle l'avait fait, et pendant qu'elle me disait en toute bonne foi en quoi consistait le repas, elle pouvait l'apporter. Quand j'étais à Londres, je devais savoir quotidiennement ce qu'elle mangeait, et peut-être avait-elle refusé toute vaisselle jusqu'à ce qu'ils aient produit la plume et l'encre. Ceux-ci étaient fleuris devant elle, puis elle disait avec un soupir : « Dis-lui que je dois manger un œuf. Mais ils ne furent pas si facilement trompés ; ils attendirent, la plume à la main, que l'œuf soit mangé.

Elle n'est jamais allée se promener de sa vie. Elle faisait de longues et longues démarches lorsqu'elle portait dans un flacon le dîner de son père à la campagne où il travaillait, mais marcher sans fin, sauf le bien de sa santé, lui semblait une démarche très drôle. Dans sa jeunesse, elle était positive, personne n'était jamais allé se promener et elle n'a jamais perdu la conviction que c'était une absurdité introduite par une nouvelle génération avec trop de temps libre. Qu'ils aient apprécié cela, elle ne pouvait pas le croire ; c'était simplement une forme de frimeur, et lorsqu'ils passaient devant sa fenêtre , elle se disait avec une satire explosive : « Oui, Jeames , tu pars pour ta promenade ? » et ajoute avec ferveur : « Plutôt vous que moi ! J'étais de ceux qui marchaient, et même si elle souriait et pouvait lâcher un mot sarcastique en me voyant mettre mes bottes, c'était elle qui les avait chauffées en prévision de mon départ. Il était convenu entre nous qu'elle se coucherait jusqu'à mon retour, et pour que cela s'accomplisse, je la voyais au lit avant de partir, mais avec le claquement de la porte, elle serait à la fenêtre pour me regarder partir : il y a un endroit sur la route où je me suis retourné mille fois pour lui agiter mon bâton, tandis qu'elle hochait la tête, souriait et me baisa la main. Ce baiser de la main était la seule coutume anglaise qu'elle avait apprise.

Dans environ une heure, je reviens et je la trouve peut-être au lit, comme promis, mais je me méfie toujours . Le chemin vers sa détection est détourné.

«Je vais devoir me lever maintenant», dit-elle avec un bâillement qui pourrait être authentique.

« Depuis combien de temps es-tu au lit ?

« Vous m'avez vu partir. »

« Et puis je t'ai vu à la fenêtre. Êtes-vous retourné directement au lit ?

"J'avais sûrement autant de bon sens."

'La vérité!'

« J'aurais peut-être d'abord jeté un œil à l'horloge.

« C'est une chose terrible d'avoir une mère qui tergiverse. Est-ce que tu es couché depuis mon départ ?

'Environ.'

'Qu'est-ce que cela signifie exactement?'

'Par intermittence.'

« Êtes-vous allé au grenier ?

« Que dois-je faire dans le grenier ?

"Mais toi, n'est-ce pas ?"

« J'aurais peut-être juste regardé vers l'escalier du grenier.

« Vous avez encore refait le grenier !

« Pas ce qu'on pourrait appeler un rouge . »

« Ô femme, femme, je crois que vous n'êtes pas du tout couchée !

«Vous me voyez dedans.»

« Mon opinion est que vous avez sauté sur le lit lorsque vous m'avez entendu ouvrir la porte. »

« Les détenteurs ».

'As-tu?'

'Non.'

« Eh bien, alors, quand vous m'avez entendu à la porte ? »

« C'est peut-être le cas lorsque je vous ai entendu à la porte.

À mesure que le jour passe, elle le suit avec sa couture jusqu'à la fenêtre et en tire une autre aiguille , comme on court après un visiteur parti pour lui dire un dernier mot, mais maintenant le gaz est allumé, et il n'est plus honteux de s'asseoir. à la littérature. Si le livre est une histoire de George Eliot ou de Mme Oliphant, ses préférées (et les miennes) parmi les romancières, ou si c'est un Carlyle, et que nous bougeons doucement, elle lira, ravie, pendant des heures. Son enthousiasme pour Carlyle était si connu que diverses bonnes personnes lui envoyaient des livres contenant une page sur lui ; elle pouvait mettre le doigt sur n'importe quel passage recherché dans la biographie aussi rapidement que si elle cherchait un article dans son propre tiroir, et étant donné une date, elle était souvent en mesure de vous dire ce qu'ils faisaient à Cheyne Row ce jour-là. Carlyle, décida-t-elle, n'était pas tant un homme malade à vivre qu'un homme qui avait besoin de beaucoup de gestion, mais quand je lui ai demandé si elle pensait qu'elle aurait pu le gérer, elle a seulement répondu avec un sourire modeste qui signifiait « Oh non ! mais avait le visage de 'Sal, j'aurais aimé essayer.'

Une dame lui a prêté des dizaines de lettres de Carlyle qui n'ont jamais été publiées, et l'écriture était désagréable, mais même si ma mère aimait qu'on lui lise nos lettres à haute voix, elle les lisait chacune elle-même et les citait dans son livre. parler. A côté des lettres de Carlyle, qui le montrent sous son jour le plus gracieux, il y en avait beaucoup, de sa femme à un ami, et dans l'une d'elles une aventure romantique est décrite - je cite de mémoire, et c'est un mauvais souvenir comparé à celle de ma mère, qui enregistrait tout par une méthode qui lui était propre : « Quel peut être l'âge de Bell Tibbits ? Eh bien, elle est née la semaine où j'ai acheté la chaudière, elle aura donc cinquante et un ans (pas moins !) à la Saint-Martin. Mme Carlyle était montée dans le train dans une gare de Londres et se sentait très seule, car le voyage vers l'Écosse l'attendait et personne n'était venu pour l'accompagner. Puis, juste au moment où le train démarrait, un homme sauta dans le wagon, à son grand regret jusqu'à ce qu'elle voie son visage, alors que voici, ils étaient de vieux amis, et la dernière fois qu'ils se sont rencontrés (j'oublie combien d'années auparavant) il avait lui a demandé d'être sa femme. Il était très gentil et, si je me souviens bien, il l'accompagna jusqu'à la fin de son voyage, même s'il avait eu l'intention de descendre à mi-chemin. J'appelle cela une aventure, et je suis sûr que cela a semblé à ma mère l'aventure la plus touchante et la plus mémorable qui puisse arriver dans la vie d'une femme. « Vous voyez, il n'avait pas oublié », disait-elle fièrement, comme si c'était un compliment auquel tout son sexe pouvait partager, et sur son vieux visage tendre brillait une partie de l'exaltation avec laquelle Mme Carlyle avait écrit cette lettre.

Mais il y avait des moments, pensait-elle, où Carlyle avait dû faire de sa femme une femme glorieuse. 'Comme quand?' Je pourrais me renseigner.

"Quand elle s'est arrêtée à la porte de son bureau et s'est dit : "Le monde entier retentit de sa renommée, et c'est mon homme !'"

«Et puis», pourrais-je souligner, «il lui hurlait de fermer la porte.»

'Caca!' dit ma mère, le rugissement d'un homme n'est ni ici ni là. Mais son verdict dans son ensemble était le suivant : « J'aurais préféré être sa mère plutôt que sa femme. »

Nous l'avons donc installée dans son fauteuil avec les Carlyle , et tout va bien. De plus, « pour faire siccar , mon père a pris le côté opposé de la cheminée et se trouve au fond des cinq dernières colonnes de Gladstone, qui est son Carlyle. Il doit veiller à ce qu'elle ne s'éclipse pas, animé par une conviction qui s'empare soudain de ses pages, que la cuisine va se dégrader faute d'elle, et elle doit le rappeler à lui s'il met les pieds dans le plat. feu et le garde là, oubliant tout sauf l'éloquence de son héros. (Nous étions une famille qui avait besoin de beaucoup de surveillance.) Elle n'est pas intéressée par ce que M. Gladstone a à dire ; en fait, elle n'a jamais pu être amenée à considérer la politique comme une préoccupation sérieuse pour les adultes (une classe dans laquelle elle incluait à peine les hommes), et elle a renoncé avec gratitude à lire « dirigeants » le jour où j'ai cessé de les écrire. Mais comme le manque de raison, l'amour du dernier mot, le manque d' humour , etc., la politique était à son avis un attribut masculin à tolérer, et Gladstone était le nom de ce qui fait de notre sexe des personnages si étranges. Elle avait une confiance profonde en lui pour faciliter la conversation, et s'il y avait des hommes silencieux dans la société, elle leur donnait de lui pour en parler, exactement comme elle partageait un gâteau entre des enfants. Et puis, avec un sourire maternel, elle les laissait se gaver de lui. Mais dans l' idolâtrie de Gladstone, elle reconnaissait néanmoins une certaine fatalité, et elle n'aurait pas plus essayé de la combattre que de balayer une ombre du sol. Gladstone l'était, et cela s'arrêtait dans sa philosophie pratique. Elle ne l'accepta pas non plus froidement ; comme une vraie femme, elle sympathisait avec ceux qui souffraient beaucoup, et ils le savaient et prenaient conseil pour elle en cas de besoin. Je me souviens d'un fervent partisan de Gladston qui, à l'approche des élections générales, se trouvait en effet dans une situation très difficile, car il ne croyait pas au Home Rule, et pourtant, comment pouvait-il voter contre « l'homme de Gladstone » ? Sa détresse était si réelle qu'elle lui donnait l'air d'un chien pendu. Il lui présenta sombrement son cas, et jusqu'au jour de l'élection, elle le cribla de sarcasmes ; Je pense qu'il n'est allé la voir que parce qu'il éprouvait un triste plaisir à voir un faux Gladstonien torturé.

Tout cela était si simple pour lui, souligna-t-elle ; il n'aimait pas ce Home Rule et devait donc voter contre.

Elle l'a dit clairement et pitoyablement, il a répondu avec un gémissement.

Mais elle était pour lui comme une autre femme lorsqu'il se présentait devant elle en se rendant à l'isoloir.

« C'est un sabbat aquatique pour vous, je pense », dit-elle avec sympathie, mais sans lâcher ses fils — pour le Home Rule ou pas de Home Rule, ce bas de pied doit être tourné avant midi.

Un sabbat aqueux signifie un jour lugubre, et « C'est un sabbat aqueux », répondit-il avec émotion. Un silence s'ensuivit, rompu seulement par le claquement des fils. De temps en temps , il marmonnait : « Oui, eh bien, je vais voter, je ne pensais pas que ce jour viendrait », et ainsi de suite, mais s'il se levait, ce n'était que pour se rasseoir, et enfin elle s'approchant de lui et lui dit doucement (pas de sarcasme dans sa voix maintenant) : « Abandonnez-vous et votez pour l'homme de Gladstone ! Il s'est levé d'un bond et s'est enfui sans un mot, mais depuis la fenêtre est, nous l'avons vu se pavaner sur le brae. J'ai ri, mais elle a dit : « Je ne suis pas sûre que ce soit une question de rire », et ensuite : « J'aurais bien aimé être la mère de Gladstone.

Il est maintenant neuf heures, neuf heures et quart, neuf heures et demie, c'est le même moment pour moi, car j'en suis à une phrase qui n'écrit pas. Je sais, même si je n'entends pas, ce que ma sœur est montée dire à ma mère :

«J'étais chez lui à neuf heures et il a dit: «Dans cinq minutes», alors j'ai mis le steak sur le brander, mais j'y suis allé trois fois depuis, et chaque fois qu'il dit: «Dans cinq minutes», et quand j'essaie d'enlever la nappe, il appuie fort dessus avec ses coudes et grogne. Son dîner sera complètement gâché.

« Oh, cette écriture fatigante !

"Je ne peux pas faire plus, mère, alors tu dois descendre et l'arrêter."

«Je n'ai aucun pouvoir sur lui», dit ma mère, mais elle se lève en souriant et bientôt elle ouvre ma porte.

'Dans cinq minutes!' Je pleure, mais quand je vois que c'est elle, je me lève et je l'entoure de mes bras. « Quel panier plein ! » dit-elle en regardant la corbeille à papier qui contient la plupart de mon travail de la nuit et d'un geste cher elle soulève une page déchirée et l'embrasse. « La pauvre, lui dit-elle, et tu aurais aimé que ce soit si beau qu'on l'imprime ! et elle pose la main sur mon bureau pour m'empêcher d'écrire davantage.

« Dans les cinq dernières minutes, je commence, on peut souvent faire plus que dans la première heure.

«Je l'ai souvent dit dans ma jeunesse», dit-elle lentement.

« Et je l'ai prouvé aussi ! crie une voix depuis la porte, la voix de celle qui était plus fière d'elle que moi encore ; il est vrai, et pourtant presque incroyable, que quelqu'un aurait pu être plus fier d'elle que moi.

«Mais ces jours sont révolus», dit solennellement ma mère, «ils ne reviendront plus. Tu vas travailler maintenant, mon homme, et dîner, puis tu monteras et t'assiéras à côté de ta mère pendant un moment , car bientôt tu la rangeras dans la cour paroissiale.

J'entends un petit cri près de la porte.

Alors ma mère et moi montons les escaliers ensemble. « Nous avons changé de place », dit-elle ; "C'est comme ça que je t'aidais à te relever, mais je suis le petit maintenant."

Elle ressort à nouveau le Testament ; il était toujours à portée de main ; c'est la mèche de cheveux qu'elle m'a laissée en mourant. Et quand elle a lu longtemps, elle « me regarde », comme on dit dans le Nord, et je sors pour la laisser seule avec Dieu. Elle n'était qu'une enfant lorsque sa mère mourut, et c'est pourquoi elle commença très tôt à réciter ses prières sans aucun auditeur terrestre. Souvent et souvent je l'ai trouvée à genoux, mais je m'éloignais toujours doucement en fermant la porte. Je ne l'ai jamais entendu prier, mais je sais bien comment elle priait, et que, lorsque cette porte était fermée, il n'y avait pas un jour aux yeux de Dieu entre la femme usée et le petit enfant.

CHAPITRE VI
SA DEMANDE DE TOUS LES TRAVAUX

Et parfois, j'étais sa servante pour tout le travail.

Il est tôt le matin et ma mère est entrée sans bruit dans ma chambre. Je sais que c'est elle, même si mes yeux sont fermés et que je ne suis qu'à moitié réveillé. Peut-être que je rêvais d'elle, car j'accepte sa présence sans surprise, comme si au réveil je l'avais vue sortir par une porte pour entrer par une autre. Mais elle parle à elle-même.

"Je suis ravi de le réveiller - je doute qu'il travaillait tard - oh, cette écriture fatiguée - non, je dois le réveiller."

Je démarre. Elle se tord les mains. 'Ce qui est faux?' Je pleure, mais je sais avant qu'elle ne réponde. Ma sœur souffre d'un de ces maux de tête contre lesquels même elle ne peut pas lutter, et ma mère, qui supporte la douleur physique comme si elle était une camarade, est très triste lorsque sa fille en souffre. «Et elle ne me laissera pas descendre les escaliers pour lui préparer une tasse de thé», gémit-elle.

«Je vais bientôt préparer le thé, maman.»

'Veux-tu?' dit-elle avec empressement. C'est pour cela qu'elle est venue me voir, mais « C'est dommage de vous réveiller », dit-elle.

« Et aujourd'hui, je m'occuperai de la maison, j'allumerai le feu et je ferai la vaisselle… »

« Non, oh non ; non, je ne pourrais pas te demander ça, et tu es un auteur.

— Ce ne sera pas la première fois, maman, depuis que je suis auteur.

« Plutôt le cinquantième ! dit-elle presque joyeusement, alors j'ai bien commencé, car garder le moral est la grande chose aujourd'hui.

Frapper à la porte. C'est le boulanger. Je prends le pain en le regardant si sévèrement qu'il n'ose pas sourire.

Frapper à la porte. C'est le facteur. (J'espère qu'il n'a pas vu que j'avais le couvercle de la bouilloire dans l'autre main.)

Coups furieux dans une région reculée. Cela signifie que l'auteur est dans la cave à charbon.

Bientôt, j'emporte deux petits déjeuners à l'étage en triomphe. J'entre dans la chambre comme un simple fils ordinaire, mais à la manière du serveur de Glasgow. Je dois en dire plus sur lui. Il avait été le seul serveur de ma mère, le seul domestique avec lequel elle ait jamais été en contact, et ils s'étaient rencontrés dans un hôtel de Glasgow qu'elle avait hâte de voir, après avoir entendu parler de ces choses monstrueuses, et les avait conçues pour ressembler à des auberges de campagne avec douze autres personnes. chambres à coucher. Je me souviens à quel point elle rayonnait – tout en essayant de paraître comme si c'était une expérience tout à fait ordinaire – lorsque nous sommes descendus à la porte de l'hôtel, mais même si elle n'a rien dit, j'ai vite lu la déception sur son visage. Elle savait à quel point j'exultais de l'avoir là, alors elle ne voulait pas dire un mot pour m'étouffer, mais je l'ai astucieusement retiré d'elle. Non, elle était très à l'aise et la maison était grandiose au-delà de toute expression, mais… mais… où était-il ? il n'avait pas été très chaleureux. « Il » était le propriétaire ; elle s'attendait à ce qu'il nous reçoive à la porte et nous demande si nous étions en bonne santé et comment nous avions laissé les autres, puis elle lui aurait demandé si sa femme allait bien et combien d'enfants ils avaient, après quoi nous devrions tous nous sommes assis ensemble pour dîner. Deux femmes de chambre entrèrent dans sa chambre et la préparèrent sans lui dire un mot de son voyage ni d'aucun autre sujet, et lorsqu'elles furent parties : « Ce sont deux demoiselles hautaines », dit ma mère avec entrain. Mais ce qui lui en voulait le plus, c'était le serveur avec son costume noir fanfaron, ses pas courts et rapides et la « serviette » sur son bras. Sans même un « Bienvenue à Glasgow ! » il nous a montré nos sièges, et nous n'avons pas reçu de lui la moindre reconnaissance de notre gentillesse en donnant des ordres aussi généreux, il a plané autour de la table comme s'il n'était pas prudent de nous laisser avec ses couteaux et ses fourchettes (il aurait dû la voir) couteaux et fourchettes), quand nous nous parlions, il feignait de ne pas entendre, nous pouvions rire mais cet hautain ne voulait pas nous rejoindre. Nous nous retirâmes, écrasés, et il eut la dernière impudence de nous ouvrir la porte. Mais bien que cela ait blessé ma mère à l'époque, l' humour de nos expériences l'emplissait à la réflexion, et dans sa propre maison, elle les décrivait avec onction, parfois à ceux qui avaient séjourné dans de nombreux hôtels, souvent à d'autres qui n'en avaient été dans aucun. , et quels que soient ses auditeurs, elle les faisait rire, mais pas toujours de la même chose.

Alors maintenant, quand j'entre dans la chambre avec le plateau, sur mon bras se trouve cet insigne de fierté, la serviette ; et je m'approche d'un pas sérieux pour informer Madame que le petit déjeuner est prêt, et elle prend l'air de la société et m'appelle «Monsieur», et demande avec un sarcasme cruel dans quel but (sauf pour me vanter) je porte la serviette, et je dis « Y a-t-il autre chose que je puisse faire pour Madame ? » et Madame répond qu'il y a encore une chose que je peux faire, c'est de prendre son petit-déjeuner pour elle. Mais je n'y prête aucune attention, car mon but est de l'enflammer avec l'esprit du jeu, afin qu'elle mange sans le savoir.

Maintenant que j'ai lavé les choses du petit-déjeuner, je devrais être en train d'écrire, et j'ai hâte d'y être, car j'ai une idée en tête qui, si elle a une quelconque valeur, a presque certainement été mise là par son. Mais oserais-je m'y aventurer ? Je sais que la maison n'est pas encore bien mise en service, qu'il y a des lits à faire, que l'extérieur de la théière est joli, mais si quelqu'un regardait à l'intérieur ? Quel dommage d'avoir renversé le tonneau de farine ! Puis-je espérer que pour une fois ma mère oubliera de s'enquérir de ces questions ? Ma sœur est-elle prête à laisser régner le désordre jusqu'à demain ? Je décide de prendre le risque. Peut-être que je suis au travail depuis une demi-heure lorsque j'entends des mouvements au-dessus de ma tête. L'un ou l'autre se demande pourquoi la maison est si calme. Je fais trembler les pinces, mais même cela ne les satisfait pas, alors retournez au bureau avec mes papiers, et maintenant ce que vous entendez n'est plus le grattement d'un stylo mais le rinçage des casseroles et des poêles, ou je fais des lits, et je fais car après mon départ, ma mère viendra (je la connais) et regardera avec méfiance sous la couverture.

La cuisine est désormais impeccable, pas un plat non lavé en vue, à moins que vous ne regardiez sous la table. Je sens que j'ai enfin gagné du temps pour écrire une heure, et j'y vais avec vigueur . Une page, deux pages, vraiment je progresse, quand… est-ce que c'était une porte qui s'ouvrait ? Mais j'ai le pas léger de ma mère sur le cerveau, alors je "joue" à nouveau, et l'instant d'après, elle est à côté de moi. Elle n'a pas exactement quitté sa chambre, me laisse-t-elle entendre ; mais soudain, elle eut la conviction que j'écrivais sans un tapis chaud à mes pieds. Elle en porte un dans ses mains. Maintenant qu'elle est ici , elle reste un moment, et bien qu'elle soit dans le fauteuil près du feu, où elle est assise bien droite (elle aimait avoir des coussins sur les chaises inutilisées, mais détestait s'y appuyer), et Je suis penché sur mon bureau, je sais que le contentement et la pitié se battent pour s'emparer de son visage : le contentement l'emporte lorsqu'elle inspecte sa chambre, la pitié lorsqu'elle me regarde. Chaque meuble, depuis les chaises qui sont venues au monde avec moi et qui se sont tellement mieux portées, même si j'étais neuf et qu'elles étaient d'occasion, jusqu'à la bordure de manteau de style à la mode qu'elle a cousue dans sa soixante-dixième année, après avoir elle a appris le point en une demi-leçon, a son histoire de combat et de réussite pour elle, d'où sa satisfaction ; mais elle soupire à la vue de son fils, plongeant, déchirant et mâchant le stylo répugnant.

« Oh, cette écriture fatigante !

En vain je lui dis qu'écrire m'est aussi agréable que l'a jamais été pour elle la perspective d'une terrible journée de repassage ; que (pour certains, mais pas pour moi) les nouveaux chapitres sont aussi faciles à produire que de nouvelles banniques . Non, affirme-t-elle, car une bannique est la moelle d'une autre, tandis que les chapitres - et alors, peut-être, ses yeux pétillent et dit-elle d'un ton impertinent : "Mais, sal , tu as peut-être raison, car parfois tes banniques se ressemblent autant que les miennes". !'

Ou bien je peux être tiré de mon écriture par son cri disant que je fais à nouveau des grimaces étranges. C'est ma méprisable faiblesse que si je dis qu'un personnage a souri d'un air vide, je dois sourire d'un air vide ; s'il fronce les sourcils ou lorgne, je fronce les sourcils ou lorgne ; s'il est lâche ou adonné aux contorsions, je grimace ou me tords les jambes jusqu'à ce que je doive arrêter d'écrire pour défaire le nœud. Je m'incline avec lui, je mange avec lui et je me ronge la moustache avec lui. Si le personnage est une dame au rire exquis, je vous terrifie soudainement en riant de manière exquise. On lit le soir même l'étonnante versatilité d'un acteur gros et maigre, mais qu'est- il pour le romancier qui est une douzaine de personnes en une heure ? Moralement, je le crains, nous devons nous détériorer – mais c'est un sujet que je peux sagement m'éloigner.

Nous nous parlions toujours en large scotch (j'y pense encore), mais de temps en temps elle utilisait un mot qui était nouveau pour moi, ou je pouvais entendre l'un de ses contemporains l'utiliser. C'est maintenant l'occasion pour moi d'en comprendre la signification. Si je lui demande hardiment quel est le mot qu'elle a utilisé tout à l'heure, quelque chose comme « bilbie » ou « silvendy » ? elle rougit et dit qu'elle n'a jamais rien dit d'aussi commun, ou hulule ! c'est un mot invraisemblable dont elle ne peut rien me dire. Mais si au cours d' une conversation je remarque avec désinvolture : « A-t-il trouvé Bilbie ? ou 'C'était plutôt argenté ?' (bien que le sens de la question me soit vague) elle tombe dans le piège, et les mots s'expliquent dans ses réponses. Ou peut-être qu'aujourd'hui elle voit où je la mène, et sa sensibilité est telle qu'elle en est très blessée. L' humour disparaît de son visage (pour trouver Bilbie dans un endroit plus argenté) et de ses yeux de reproche - mais maintenant je suis sur le bras de son fauteuil, et nous avons rattrapé notre retard. Néanmoins, je ne lui tirerai plus de scotch du vieux monde ce matin, elle désherbe résolument son discours, et c'est une chute aussi grande que lorsque le mutch cède la place au bonnet.

Je pars pour ma promenade de l'après-midi, et elle a promis de barrer la porte derrière moi et de ne l'ouvrir à personne. Quand je reviens, eh bien, la porte est toujours verrouillée, mais elle a l'air à la fois furtive et ravie. Je devrais dire qu'elle brûle de me dire quelque chose, mais qu'elle ne peut pas le dire sans s'exposer. A-t-elle ouvert la porte, et si oui, pourquoi ? Je ne demande pas, mais je regarde. C'est elle qui est sournoise maintenant.

« Êtes-vous dans la pièce est depuis votre arrivée ? demande-t-elle avec une apparente indifférence.

'Non; Pourquoi demandez-vous?'

"Oh, je pensais juste que tu aurais pu regarder à l'intérieur."

« Y a-t-il quelque chose de nouveau là-bas ?

«Je ne dis pas que oui, mais… mais va voir.»

« Il ne peut rien y avoir de nouveau si vous gardez la porte fermée », dis-je intelligemment.

Cela l'écrase un instant ; mais son désir que je voie est plus grand que sa peur. Je me dirige vers la salle est, et elle me suit, affectant l'humilité, mais avec le triomphe dans les yeux. Que de fois ces petites scènes se produisaient ! Je n'ai jamais été informé du nouvel achat, j'ai été attiré par sa présence, puis elle a attendu timidement mon début de surprise.

'Est-ce que tu le vois?' » dit-elle anxieusement, et je le vois et l'entends, car cette fois c'est une chaise en osier toute neuve, du genre de celles qui chuchotent à elles-mêmes pendant les six premiers mois.

« Un cadavre les vendait dans une charrette », commence ma mère, et la suite se présente à mes yeux avant qu'elle puisse prononcer un autre mot. Elle resta au moins dix minutes devant la porte à discuter avec cet homme. Mais ce serait cruauté de gronder une femme aussi élevée.

« Il voulait quinze shillings », crie-t-elle, « mais à quoi pensez-vous que je l'ai battu ?

« Sept et six pence ?

Elle frappe dans ses mains avec délice. « Quatre shillings, puisque je suis une femme vivante ! elle chante : jamais femme n'a été plus friande de bonnes affaires.

Je regarde l'achat avec l'étonnement qu'on attend de moi, et la chaise elle-même se froisse et frémit d'entendre à quoi elle sert (ou est-ce simplement en train de rire d'elle ?). « Et l'homme a dit que cela lui avait coûté cinq shillings », poursuit ma mère avec exultation. On aurait cru qu'elle était la personne la plus dure si un coup contre le mur ne nous avait pas convoqués à cette époque aux côtés de ma sœur. Pourtant, au lit, elle a écouté, et voici ce qu'elle a à dire, d'une voix qui indigne beaucoup ma mère : « Vous faites une bonne affaire ! Je pense que dix shillings étaient plus proches de ce que vous avez payé.

« Quatre shillings pour un penny ! » dit ma mère.

«Je suppose», dit ma sœur; mais après que vous lui ayez payé l' argent, je vous ai entendu dans la petite presse de chambre. Que faisais-tu là?'

Ma mère grimace. « Je lui ai peut-être offert un vieux pardessus », balbutie-t-elle. « Il avait l'air malheureux . Mais c'était après avoir conclu le marché.

« Y avait-il des bébés dans la charrette ?

« Il y avait peut-être une petite fille dans le chariot.

'C'est ce que je pensais. Que lui as-tu donné ? Je t'ai entendu dans le garde-manger.

«C'est pour quatre shillings que j'ai acheté cette chaise», répond fermement ma mère. Si je n'interviens pas, il y aura une froideur entre eux pendant au moins une minute. «Il y a du sang sur ton doigt», dis-je à ma mère.

— C'est vrai , dit-elle en cachant sa main.

'Sang!' s'exclame ma sœur avec inquiétude, puis avec un cri de triomphe, je vous garantis que c'est de la gelée. Vous avez donné à cette jeune fille une boîte de gelée ! »

Le serveur de Glasgow apporte le thé, et bientôt ma sœur parvient à se lever, et après une vive bagarre, je suis expulsé de la cuisine. La dernière chose que je fais en tant que femme de ménage, c'est de trimballer à l'étage le panier à linge qui vient d'arriver avec les mutilations. Maintenant, ma mère a du linge délicieux à doigter ; il y avait toujours du ravissement sur son visage quand le panier à linge arrivait ; cela ne manquait jamais de faire d'elle le génie actif de la maison. Je peux la laisser maintenant avec ses draps, ses cols, ses serviettes et ses devants. En effet, elle m'ordonne probablement d'y aller. Un fils, c'est très bien, mais s'il marchait sur cette couverture !

Ma sœur est mais et je suis ben — je veux dire, elle est dans l'est et je suis dans l'ouest — tuts, tuts ! Voyons l'anglais en nous efforçant : elle est dans la cuisine et je suis à mon bureau dans le salon . J'espère ne pas être dérangé, car ce soir, je dois faire dire à mon héros « Chéri », et cela a besoin à la fois d'intimité et de concentration. En un mot, permettez-moi d'avouer (même si j'aimerais tourner autour du pot) que je me suis mis à un chapitre d'amour. On l'a évité depuis trop longtemps, Albert n'a encore appelé Marion que "chère" (entre vous et moi, ce ne sont pas leurs vrais noms), mais même si le public lira probablement ce mot sans sourciller, il s'est éteint dans mes mains avec un claquer. On me dit — me disent les Sassenach — qu'avec le temps je pourrai sans rougir faire dire à Albert « chérie », et même la prendre dans ses bras, mais je commence à en douter ; le moment me voit aussi timide que jamais ; Je trouve toujours conseillé de verrouiller la porte, puis, sans témoin autre que le chien, je le « fais » d'une voix sombre, les dents serrées, tandis que le chien se retire dans le coin le plus éloigné et gémit. L'Anglais le plus audacieux (me dit-on) écrira un chapitre d'amour puis sortira, tout à fait calmement, dîner, mais de telles activités sont contraires à la nature écossaise ; même les grands romanciers n'osaient pas. Imaginez M. Stevenson laissé seul avec un héros, une héroïne et une proposition imminente (il ne sait pas où chercher). Sir Walter, dans les mêmes circonstances, sort de la pièce en faisant se dérouler ses scènes d'amour entre la fin d'un chapitre et le début du suivant, mais il pouvait se permettre de faire n'importe quoi, et les menus fretins devaient aller à leur tâche, gémissez le chien comme il peut. Alors je me suis attaché au mien quand ma mère entre, l'air mélancolique.

«Je suppose que vous êtes un truc terrible », dit-elle.

« Eh bien, je suis plutôt occupé, mais… qu'est-ce que tu veux que je fasse ?

« Ce serait dommage de vous le demander.

"Quand même, demande-moi."

«Je suis tellement terrifiée qu'ils puissent être déposés.»

'Tu veux que je-?'

« Si vous pouviez juste monter et m'aider à plier les draps !

Les draps sont pliés et je retourne vers Albert. Je verrouille la porte, et enfin j'avance gentiment mon héros (mon genou dans le bas du dos), quand cette question surprenante est lancée par ma sœur à travers le trou de la serrure :

« Où as-tu mis la râpe à carottes ?

Il faudra tout recommencer si je laisse Albert partir un instant, alors, le serrant fort, je crie avec indignation que je n'ai pas vu la râpe à carottes.

« Alors, sur quoi as-tu râpé les carottes ? demande la voix, et la poignée de la porte tremble au moment où je secoue Albert.

« Sur une tasse cassée », je réponds avec une empressement surprenante, et je me remets au travail mais je suis moins absorbé, car grandit en moi la conviction que j'ai mis la râpe à carottes dans le tiroir de la machine à coudre.

Je me demande si je dois l'avouer ou l'effronter, quand j'entends ma sœur monter précipitamment à l'étage. Je pressent qu'elle est partie parler de moi, et j'ouvre bassement ma porte et j'écoute.

«Regarde ça, maman!»

« Est-ce un torchon ?

"C'est ce que c'est maintenant."

' Losh entend ! c'est une des nouvelles serviettes de table.

« C'est ce que c'était. Il a poli la grille de la cuisine avec !'

(Je me souviens!)

« Malheur à moi ! C'est ce qui vient du fait qu'il ne me laisse pas bouger de cette pièce. Oh, c'est un sabbat aquatique quand les hommes se mettent à faire le travail des femmes !'

« C'est un défi pour l'argile, mère, de comprendre ce qui le rend si insensé. »

"Oh, c'est cette écriture fatiguée."

— Et le pire, c'est qu'il parlera demain comme s'il avait fait des merveilles.

« C'est comme ça avec toute cette mêlée de clan .

"Oui, mais comme d'habitude, tu lui feras plaisir , maman."

« Eh bien, ça lui plaît, tu vois, dit ma mère, et on pourra rire quand sa porte sera fermée.

« Il est terriblement inutilisable.

— Il est tout cela, mais, pauvre âme, il fait de son mieux.

CHAPITRE VII
RLS

Ces initiales familières sont, je suppose, les plus appréciées de la littérature récente, elles sont certainement les plus douces pour moi, mais il fut un temps où ma mère ne pouvait pas les supporter. Elle a dit "Cet homme Stevenson" avec un ricanement, et cela n'a jamais été facile pour elle de ricaner. En pensant à lui, son visage devenait presque dur, ce qui semble incroyable, et elle retroussait les lèvres et croisait les bras, et répondait par un « oh » raide si vous prononciez son nom aggravant. Dans les romans, nous avons une manière d'écrire notre héroïne, « elle se dressait avec hauteur », et quand les miennes se dressaient avec hauteur, je vois ma mère penser à Robert Louis Stevenson. Il connaissait l'opinion qu'elle avait de lui et écrivait : « Hier, j'ai eu des picotements dans les oreilles ; Je doute qu'elle m'ait encore mal appelé. Mais plus elle l'appelait mal, plus il se réjouissait d'elle, et elle en fut informée et dit aussitôt : « Le scélérat ! Si vous saviez quel était son crime impardonnable, c'était celui-ci : il a écrit de meilleurs livres que les miens.

Je me souviens du jour où elle l'a découvert, mais ce n'est pas le jour où elle l'a avoué. Ce jour-là, alors que j'aurais dû être à mon travail, elle me trouva dans la cuisine, « Le Maître de Ballantrae » à côté de moi, mais je ne lisais pas : ma tête reposait lourdement sur la table, et à ses yeux anxieux, je N'en doutez pas, j'étais l'image du malheur. "Je n'écris pas!" J'ai répété, non, je n'écrivais pas, je ne voyais aucune utilité à essayer à nouveau d'écrire. Et ma tête est tombée, je suppose, une fois de plus. Elle comprit mal et crut que le coup était tombé ; Je m'étais réveillé avec la découverte, toujours redoutée par elle, que je m'étais écrit à sec ; Je n'étais pas mieux qu'une bouteille d'encre vide. Elle se tordit les mains, mais mon explication lui vint à l'indignation, à savoir que pendant que RLS y était, nous , les autres, n'étions que des « apprentis qui se coupaient les doigts avec ses outils ». «Je n'ai jamais pu lire ses livres», dit ma mère immédiatement, et même avec vengeance.

« Vous n'en avez lu aucun », lui ai-je rappelé.

« Et cela ne le sera jamais », dit-elle avec entrain.

Et je n'ai aucun doute qu'elle l'a traité de personnage sombre ce jour-là même. Pendant des semaines aussi, voire des mois, elle a persisté dans sa détermination à ne pas le lire, même si moi, ayant repris mes esprits et vu qu'il y avait une place pour « l'apprenti », je prenais un plaisir, presque malicieux, à dire : Le Maître de Ballantrae ' à sa manière. Je le plaçais sur sa table pour qu'il lui dise bonjour lorsqu'elle se levait. Elle fronçait les sourcils et le portait en bas, comme si elle l'avait dans les pinces, et le replaçait sur sa bibliothèque. Je l'enveloppais dans la couverture qu'elle avait confectionnée pour le dernier Carlyle : elle l'écorchait avec mépris et le rabaissait à nouveau.

J'y cachais ses lunettes, je le posais sur le panier à linge et je le soutenais de manière invitante contre sa théière. Et finalement je l'ai eue, même si j'oublie par lequel des nombreux artifices. Ce dont je me souviens très bien, c'est d'une vue en trou de serrure à laquelle un autre membre de la famille m'a invité. Puis j'ai vu ma mère enveloppée dans « Le Maître de Ballantrae » et marmonnant la musique pour elle-même, hochant la tête en signe d'approbation et jetant un coup d'œil furtif au bas de chaque page avant de commencer par le haut. Néanmoins, elle avait l'oreille attentive à la porte, car lorsque j'y suis entré en bondissant, elle avait été trop intelligente pour moi ; il n'y avait aucun livre en vue, seulement un tablier sur ses genoux et elle regardait par la fenêtre. Une conversation comme celle-ci suivit : -

« Vous êtes restée assise très tranquillement, mère. »

"Je m'assois toujours tranquillement, je ne fais jamais rien, je ne suis qu'un bas fini."

«Avez-vous lu?»

« Est-ce que je lis parfois à cette heure de la journée ?

« Qu'est-ce que c'est sur tes genoux ?

"Juste mon tablier."

« Est-ce que c'est un livre sous le tablier ?

"C'est peut-être un livre."

'Laissez-moi voir.'

« Pars avec toi à ton travail.

Mais j'ai soulevé le tablier. «Eh bien, c'est «Le Maître de Ballantrae !» M'exclamai-je, choqué.

' Donc c'est!' dit ma mère, également surprise. Mais je la regardai sévèrement, et peut-être rougit-elle.

« Eh bien , qu'en pensez-vous : pas presque égal au mien ? » dis-je avec humour .

« Rien de tel », dit-elle avec détermination.

« Pas du tout », dis-je, bien que cela n'ait pas d'importance que ce soit avec un sourire ou un gémissement ; ils auraient voulu dire la même chose. Dois-je remettre le livre sur son étagère ? J'ai demandé, et elle m'a répondu que je pouvais le mettre où je voulais, pour autant qu'elle s'en souciait, à condition que je le retire de sa vue (l'implication était qu'il s'était volé sur ses genoux alors qu'elle regardait par la fenêtre) . Mon comportement peut paraître minime, mais je lui ai donné une dernière chance, car j'ai dit que certaines personnes considéraient que c'était un livre qu'il était impossible de lâcher jusqu'à ce qu'elles atteignent la dernière page.

«Je ne suis pas ce genre-là», répondit ma mère.

Néanmoins notre ancien jeu avec la propriétaire d'une chose, comme elle l'appelait, se poursuivait, avec cette différence que c'était maintenant elle qui portait le livre en secret à l'étage, et moi qui le replaçais sur l'étagère, et plusieurs fois nous nous surprennâmes. l'autre en flagrant délit, mais aucun de nous n'a dit un mot ; nous étions devenus gênés. J'oublie sans doute une grande partie de la pièce, mais il y a un incident dont je me souviens clairement. Elle était venue s'asseoir à côté de moi pendant que j'écrivais, et parfois, quand je levais les yeux, son regard n'était pas sur moi, mais sur l'étagère où se tenait « Le Maître de Ballantrae » qui l'invitait. Les livres de M. Stevenson ne sont pas destinés aux étagères, ils sont à portée de main ; même lorsque vous les déposez, laissez-le sur la table pour le prochain venu. Étant les plus sociables que l'homme ait écrits à notre époque, ils se sentent très seuls là-haut, dans une rangée majestueuse. Je pense que leur œil est sur vous dès que vous entrez dans la pièce, et vous êtes donc attiré par leur regard, et vous baissez le volume avec l'impulsion qui vous pousse à détacher le chien. Et le résultat n'est pas différent, car à un moment donné, vous êtes tous les deux en jeu. Existe-t-il un autre écrivain moderne qui vous entoure de cette manière ? Eh bien, il avait lancé à ma mère le regard qui signifie dans la salle de bal : « Demandez-moi cette valse », et elle s'est décidée à le faire, mais estimait que sa solution la plus respectueuse était de ne pas danser avec cet autre moins divertissant. partenaire. J'ai continué à écrire avec obstination, mais j'entendais les chuchotements.

« Dois-je être une giroflée ? » » demanda James Durie avec reproche. (Cela devait être une année bissextile.)

— Parle plus bas, répondit ma mère en me regardant d'un air inquiet.

'Caca!' » dit James avec mépris, « ce kail- runtle !
«Je ne veux pas qu'on l'appelle mal», dit ma mère en fronçant les sourcils.
«J'en ai fini avec lui», dit James (essuyant sa canne avec son mouchoir en batiste), et son épée claqua délicieusement (je ne peux pas penser que ce soit accidentel), ce qui fit soupirer ma mère. Comme l'homme qu'il était, il a poursuivi son avantage par une comparaison qui m'a fait plonger vicieusement.
« C'est un son plus joli que le claquement de la navette de votre jeune ami, » dit-il en faisant claquer de nouveau son épée.
'Whist!' s'écria ma mère, qui m'avait vu plonger.
"Alors donne-moi ton bras," dit James en baissant la voix.
«Je n'ose pas», répondit ma mère. « Il est tellement susceptible avec toi. »

« Allons, allons, la pressa-t-il, tu es sûr de le faire tôt ou tard, alors pourquoi pas maintenant ?

« Attendez qu'il soit parti pour sa promenade, dit ma mère ; et, au revoir , je suis trop vieux pour danser avec toi.

'Quel âge as-tu?' s'enquit-il.

"Tu es gey et pervers !" s'écria ma mère.

« Avez-vous soixante-dix ans ? »

«De temps en temps», a-t-elle admis.

« Pooh », dit-il, « une simple fille ! »

Elle a répondu instantanément : « Je ne veux pas être attrapée avec de la balle » ; mais elle sourit et se leva comme s'il lui avait tendu la main et l'avait saisie par le bout du doigt.

Après cela, ils chuchotèrent si bas (ce qu'ils purent faire puisqu'ils étaient maintenant beaucoup plus proches l'un de l'autre) que je ne pus saisir qu'une seule remarque. Cela vient de James et semble montrer la teneur de leurs chuchotements, car ses mots étaient : « Assez facilement, si vous me glissez sous votre châle.

C'est ce qu'elle a fait, et en plus elle a quitté la pièce d'un air coupable, en marmonnant quelque chose à propos de rougir les tiroirs. Je suppose que j'ai souri faiblement, ou ma conscience a dû grignoter ma mère, car en moins de cinq minutes, elle était de retour, portant ouvertement son complice, et elle l'a poussé avec une méchanceté positive à l'endroit où mon Stevenson avait perdu une dent. (comme l'aurait dit l'écrivain auquel il ressemblait le plus). Et puis, en bonne mère, elle prit un des livres de son fils et le lut avec la plus grande détermination. C'était devenu un incident touchant pour moi, et je me souviens comment nous étions alors tombés d'accord sur un compromis : elle devait lire la chose alléchante juste pour se convaincre de son infériorité.

'Le Maître de Ballantrae ' n'est pas le meilleur. Concevez la gloire, qui fut celle de ma mère, de savoir de source sûre qu'il y en a au moins trois meilleurs qui vous attendent sur la même étagère. Elle ne connaissait pas encore Alan Breck, et il était aussi impatient de se retirer que M. Bally lui-même. John Silver était là, se mettant dans sa jambe, pour qu'elle n'ait pas à attendre un instant, et hurlant : « J'y vais ! quand elle m'a dit pour me consoler qu'elle ne pouvait pas comprendre les histoires de pirates. Ne pas connaître ces messieurs, ça fait quoi ? C'est comme si je n'avais jamais été amoureux. Mais ils sont dans la maison ! C'est comme savoir que vous tomberez amoureux demain matin. D'un seul mot, en dessinant un visage triste, j'aurais pu convaincre ma mère d'abjurer le rayon de confiture - et j'aurais même pu y parvenir en disant simplement qu'elle avait apprécié "Le Maître de Ballantrae

". Car vous devez vous rappeler qu'elle ne l'a lu que pour se persuader (et moi) de son indignité, et que la raison pour laquelle elle a voulu lire les autres était pour obtenir une preuve supplémentaire. Tout cela, elle me l'expliqua clairement, en me regardant avec un peu d'inquiétude, et bien sûr j'acceptai l'explication. Alan est le plus grand enfant de tous, et je ne doute pas qu'elle le pense, mais curieusement, son opinion sur lui fait partie des choses que j'ai oubliées. Mais comme elle était amoureuse de « L'Île au Trésor » et comme elle essayait de m'être fidèle tout le temps qu'elle le lisait ! J'ai dû lui mettre les mains sur les yeux pour lui faire savoir que j'étais entré dans la pièce, et même alors , elle pourrait essayer de lire entre mes doigts, revenant cependant à elle-même pour dire : « C'est un fou de livre.

«Ces histoires de pirates sont tellement inintéressantes», répondais-je sans crainte, car elle était trop absorbée pour voir à travers moi. « Pensez-vous que vous finirez celui-ci ? »

« Autant continuer puisque je l'ai commencé », dit ma mère, si sournoisement que ma sœur et moi secouons la tête pour laisser entendre : « Y a-t-il déjà eu une telle femme !

« Il n'y a aucun de ces canailles unijambistes dans mes livres », dis-je.

«C'est mieux sans eux», répond-elle promptement.

« Je me demande, maman, qu'est-ce qui attire autant le public chez cet homme ?

«Il ne me prend pas», insiste-t-elle. «Je préférerais de loin lire vos livres.»

Je lui propose obligeamment de lui en apporter un, et maintenant elle me regarde avec méfiance. « Vous croyez sûrement que je préfère le vôtre », dit-elle avec une anxiété instantanée, et je l'apaise par des assurances, et je me retire en lui conseillant de continuer à lire, juste pour voir si elle peut découvrir comment il induit le public en erreur. « Oh, j'y reviendrai peut-être tout à l'heure », dit-elle avec indifférence, mais il est néanmoins probable qu'au moment où la porte se ferme, le livre s'ouvre, comme par un mécanisme mécanique. Je me souviens comment elle lisait « L'Île au trésor », en le tenant près des nervures du feu (parce qu'elle ne pouvait pas prendre un moment pour se lever et allumer le gaz), et comment, quand l'heure du coucher arrivait, et que nous cajolions, remontrions, grondé, dit-elle assez violemment, s'accrochant au livre, "Je ne poserai pas ma tête sur un oreiller cette nuit jusqu'à ce que je voie comment ce garçon est sorti du tonneau."

Après cela, je crois, il était pour elle aussi envoûtant que le garçon dans le tonneau. N'était-il pas toujours lui-même un garçon dans le tonneau, grimpant pour manger des pommes pendant que nous restions tous là, comme des gamins, à attendre une bouchée ? Il était l'esprit de l'enfance tirant les bords de notre vieux monde et le forçant à revenir jouer. Et je suppose que ma mère a ressenti cela, comme beaucoup l'ont ressenti : comme d'autres, elle avait d'abord un peu peur de se retrouver à sauter à nouveau, avec cet enfant magistral à la corde, mais bientôt elle lui a donné la main et est partie avec lui. pour le pré, pas d'excuses entre eux deux pour l'auteur laissé sur place. Mais vers la fin, elle a admis (en paroles) qu'il avait une relation avec lui qui dépassait son fils. « La soie et le sac, voilà ce que nous sommes », lui disait-on, ce à quoi elle répondait obstinément : « Eh bien, je préfère le sac.

« Mais s'il avait été votre fils ?

"Mais il ne l'est pas."

« Vous souhaiteriez qu'il le soit ?

"Je ne peux pas nier ce que j'aurais pu trouver de la place pour lui."

Et encore parfois, elle le maculait du nom de noir (à son plus grand plaisir quand il en apprenait la raison). C'est alors qu'une lettre potelée, scellée de rouge et à croix bleue, arriva de Vailima , m'invitant à m'y rendre. (Ses instructions étaient : « Tu prends le bateau à San Francisco, et ensuite ma place est la deuxième à gauche. ») Même Londres lui semblait m'emporter si loin que je mettais souvent une semaine pour le voyage (la première six jours pour l'habituer à cette idée), et ces lettres l'effrayaient. Ce n'était pas le doigt de Jim Hawkins qu'elle voyait maintenant m'appeler à travers les mers, c'était John Silver agitant une béquille. Rarement, je crois, je lisais directement une de ces lettres de Vailima ; quand, au milieu, je me suis soudain rappelé qui était à l'étage et ce qu'elle faisait probablement, et j'ai couru vers elle, faisant trois pas d'un bond, pour la trouver, les lèvres pincées, les mains jointes, une image sombre.

«J'ai une lettre de…»

« C'est ce que j'ai entendu. »

'Tu voudrais l'écouter?'

'Non.'

« Tu ne peux pas le supporter ? »

«Je peux le déranger .»

« Est-ce qu'il est noir ?

«Il est tout ça.»

Eh bien, Vailima était le seul endroit sur terre que j'avais vraiment envie de visiter, mais je pense qu'elle a toujours su que je ne la quitterais jamais.

Parfois, dit-elle, elle aimerait que je parte, mais pas avant d'être licenciée. « Et comme je suis devenu petit l'hiver dernier. Regardez mes poignets. Cela ne peut pas être long maintenant. Non, je n'ai jamais pensé à y aller, je ne me suis jamais absenté un jour d'elle sans réticence et je n'ai jamais marché aussi vite qu'au retour. Entre- temps arriva un événement qui mit définitivement un terme à mon projet de voyage. Je n'emprunterai plus jamais la Route des Cœurs Aimants, par « une merveilleuse nuit claire d'étoiles », pour rencontrer l'homme qui vient vers moi à cheval. C'est encore une merveilleuse nuit claire d'étoiles, mais la route est vide. Je n'ai donc jamais vu notre cher roi à tous. Mais avant d'écrire des livres, il était dans mon coin de pays avec une baguette de pêche à la main, et j'aime à penser que c'est moi qui l'ai rencontré ce jour-là près du brûlage de la reine Marguerite, là où se trouvent les sorbiers, et qui lui ai fait la rue. une mouche pour lui, et resta à l'observer, tandis que sa silhouette souple montait et descendait alors qu'il lançait et faisait allusion depuis les eaux cristallines du côté Noran .

CHAPITRE VIII
UNE PANIQUE DANS LA MAISON

J'étais assis à mon bureau à Londres lorsqu'un télégramme m'annonçait que ma mère était de nouveau dangereusement malade. J'ai saisi mon chapeau et je me suis précipité vers la gare. Ce n'est pas le souvenir d'une seule nuit. Une vingtaine de fois, j'en suis sûr, j'ai été appelé ainsi soudainement vers le nord et j'ai atteint notre petite ville en tremblant, me dirigeant vers la fenêtre du wagon pour jeter un coup d'œil à un visage connu qui répondrait à la question sur la mienne. Ces maladies se produisaient aussi régulièrement qu'à la fin de l'année, mais elles étaient moins régulières, et à travers elles toutes, de jour comme de nuit, je vois ma sœur se mouvoir avec tant d'inlassabilité, avec tant d'amour, quoique avec des forces défaillantes, que je m'incline devant moi. tête en signe de respect pour elle. Elle se portait finie. Le médecin nous a conseillé d'engager une infirmière, mais ce simple mot a effrayé ma mère et nous nous sommes mis entre elle et la porte comme si la femme était déjà dans l'escalier. Avoir une femme étrangère dans la chambre de ma mère, vous qui y êtes habitués, vous ne pouvez pas concevoir ce que cela signifiait pour nous.

Alors nous devons avoir un serviteur. Cela semblait seulement moins horrible. Mon père a retroussé ses manches et a saisi le balai. J'ai jeté mes papiers et j'étais prêt à faire les courses. Il a ouvert la porte, j'ai entretenu le feu, il m'a donné un cours de cuisine, je lui ai montré comment faire les lits, l'un de nous portait un tablier. Ce n'était pas pour longtemps. On m'a conduit à mon bureau, le journal a été remis entre les mains de mon père. « Mais un serviteur ! nous avons pleuré et nous serions retombés. «Aucune servante ne vient dans cette maison», dit ma sœur avec férocité, et, oh, mais ma mère était soulagée de l'entendre ! Il y a eu de nombreuses scènes de ce genre, un an, j'ose dire, avant que nous cédions.

Je ne peux pas dire lequel d'entre nous l'a le plus ressenti. À Londres, j'étais habitué aux domestiques et, dans les moments d'irritation, je sonnais furieusement pour les appeler, même si mon attitude changeait sans doute lorsqu'ils ouvraient la porte. J'ai même tenu bon avec des messieurs en peluche, donnant à l'un mon chapeau, à un autre mon bâton et à un troisième mon habit, et tout cela avec un peu plus de peine que j'en aurais dépensé à mettre moi-même les trois articles sur la chaise. Mais cette audace et d'autres grandes choses de ce genre, je l'ai fait pour pouvoir en parler ensuite à ma mère, tandis que j'étais assis au bout de son lit et que son visage rayonnait d'étonnement et de gaieté.

Dès mes premiers jours, j'avais vu des domestiques. Le manoir avait un domestique, la banque en avait un autre ; une de leurs utilités était de se jeter sur et d'emporter majestueusement certains vilains garçons qui jouaient avec moi. Le banquier ne me paraissait pas vraiment génial, mais son domestique, oh oui. Ses bottes grinçaient tout au long de l'allée de l'église ; on disait souvent qu'elle mangeait de la viande tous les jours pour son dîner ; au lieu de rencontrer son amant à la pompe, elle l'accompagna à la campagne, et il revint avec des roses sauvages à la boutonnière, la main levée pour les cacher, et sur le visage l'air troublé de ceux qui savent que s'ils prennent cette dame , ils Je dois renoncer à jamais à boire à la soucoupe. Car les amants étaient en réalité des hommes ordinaires, jusqu'au moment où elle leur lança ce regard par-dessus l'épaule qui, j'ai remarqué, est le don fatal des domestiques.

Selon la légende, nous avions autrefois une servante : dans mon enfance, je pouvais en montrer la marque sur mon front et même la montrer aux autres garçons, même si elle n'était plus qu'une épouse avec sa propre maison. Mais même en me vantant, je doutais. Réduite à taille réelle, elle n'était peut-être qu'une femme venue l'aider. Je n'en dirai pas davantage sur elle, de peur qu'on ne vienne prouver qu'elle est rentrée la nuit.

Jamais je n'oublierai mon premier serviteur. J'avais huit ou neuf ans, je portais des chaussettes en velours à diamants (« Croisez les jambes quand ils vous regardent », avait dit ma mère, « et mettez votre pouce dans votre poche et laissez apparaître le haut de votre mouchoir »), et j'avais voyagé en train pour rendre visite à un parent. Il avait une servante, et comme je devais être son hôte , elle devait aussi être ma servante pour le moment ; vous pouvez être sûr que j'avais demandé à ma mère de me le dire clairement avant de partir. Mon parent m'a accueilli à la gare, mais je n'ai pas perdu de temps en espérant le trouver bien. Je n'ai même pas croisé les jambes pour lui, tellement j'avais hâte de savoir si elle était toujours là. Une sœur m'a accueilli à la porte, mais j'étais irrité de devoir être embrassée ; Je me dirigeai aussitôt vers la cuisine, où je savais qu'ils résidaient, et elle était là, et j'ai croisé les jambes et mis un pouce dans ma poche, et le mouchoir était visible. Ensuite, j'ai arrêté des inconnus sur l'autoroute en leur proposant de leur montrer à travers la fenêtre de la cuisine, et je ne doute pas que la première lettre que j'ai écrite ait dit à ma mère à quoi ils ressemblaient lorsqu'ils étaient si près qu'on pouvait y mettre les doigts. .

Mais maintenant que nous pouvions avoir des serviteurs pour nous-mêmes , j'ai reculé devant cette idée. Ce ne serait pas la même maison ; il faudrait dissimuler ; Je me voyais parler anglais toute la longue journée. Vous ne connaissez la carapace d'un Écossais que jusqu'à ce que vous soyez entré dans son cercle natal ; dans son bureau, dans les clubs, lors des soirées mondaines où vous et lui semblez si bien s'entendre, c'est en réalité une maison avec tous les volets fermés et la porte verrouillée. Il n'est pas opaque, c'est souvent contre sa volonté, c'est certainement contre la mienne, j'essaie de garder mes volets ouverts et mon pied dans la porte mais ils claquent. À bien des égards, ma mère était aussi réticente que moi, bien que ses manières fussent aussi gracieuses que les miennes étaient rudes (en vain, hélas ! tous ces honnêtes huilages), et ma sœur était la plus réservée de nous toutes ; on apercevait parfois une lumière à travers une de mes fentes : elle avait un double volet. Maintenant, il semble que ce soit une loi de la nature que nous devons montrer notre vrai moi à un moment donné, et comme l'Écossais doit le faire chez lui et compresser une journée en une heure, ce qui s'ensuit c'est que là, il se révèle lui-même dans Au degré superlatif, les sentiments si longtemps retenus débordent, et ainsi une famille écossaise se connaît probablement mieux et est plus ignorante de la vie en dehors de son cercle que n'importe quelle autre famille au monde. Et comme la connaissance est sympathie, l' affection qui existe entre eux est presque douloureuse par son intensité ; ils n'ont pas plus à donner que leurs voisins , mais cela est accordé à quelques-uns au lieu d'être distribué entre plusieurs ; ils ont la réputation d'être mesquins, mais pour l'affection familiale, ils paient au moins en or. C'est là, je crois, que nous trouverons la véritable explication de la raison pour laquelle la littérature écossaise, bien avant l'époque de Burns, s'est si souvent inspirée du foyer domestique et l'a traité avec une compréhension passionnée.

Une femme devait-elle venir chez nous et découvrir que je n'étais pas un chien aussi morne que j'avais la réputation de l'être ? Allais-je enfin être vue avec le voile de la tristesse levé ? La voix de ma compagnie est si basse et si peu impressionnante que ma première remarque n'est qu'une indication que je m'apprête à parler (comme le vrombissement de l'horloge avant qu'elle ne sonne) : faut-il révéler que j'avais une autre voix, qu'il y avait une porte que je jamais ouvert sans laisser ma réserve sur le tapis ? Ah, cette pièce, faut-il dévoiler ses secrets ? Ils étaient si joyeux quand ma mère allait bien, pas étonnant que nous soyons joyeux. À maintes reprises, elle nous avait été rendue ; c'était pour le jour glorieux que nous avons remercié Dieu ; dans nos cœurs, nous savions et dans nos prières confessions que le plaisir nous avait été donné, quoi qu'il puisse arriver. Il ne fallait pas attendre que tout soit fini pour en connaître la valeur ; ma mère avait l'habitude de dire : « Nous ne comprenons jamais à quel point nous avons besoin de peu dans ce monde avant de connaître la perte de celui-ci », et il peut y avoir peu de paroles plus vraies, mais au cours de ses dernières années, nous avons exulté quotidiennement de la posséder autant que nous pouvons exulter en sa mémoire. Ce n'est pas étonnant, dis-je, que nous étions joyeux, mais nous aimions montrer à Dieu seul, et à Lui seul, notre agonie pendant ces nombreuses alarmes nocturnes, lorsque les lumières vacillaient dans la maison et que des visages blancs étaient autour du lit de ma mère. Pas pour les autres yeux, ces longues veillées où, la nuit entière, nous restions assis à regarder, ni les nuits horribles où nous restions ensemble, les dents serrées – attendant – ça devait être maintenant. Et ce n'était pas le cas à ce moment-là ; sa main est devenue plus fraîche, sa respiration plus facile ; elle nous a souri. Une fois de plus, je pouvais travailler par bribes et j'en étais content, mais quel était le résultat pour moi comparé à la joie d'entendre cette voix venant de l'autre pièce ? Là se trouve tout le travail dont j'ai toujours été fier , le reste n'est qu'un savoir-faire honnête réalisé pour lui donner du charbon, de la nourriture et des oreillers plus moelleux. Mes mille lettres qu'elle a si soigneusement conservées, dormant toujours avec la dernière sous le drap, là où on en a trouvé une à sa mort, ce sont les seuls de mes écrits dont je me vanterai jamais. Je n'aurais pas pu en avoir un de moins, même si j'aurais pu écrire un livre immortel sur celui-ci.

Comme ma sœur a travaillé dur pour empêcher qu'un étranger ne prenne pied dans la maison ! Et comment, dans le même but, ma mère s'efforçait de « faire pour elle-même » une fois de plus. Elle prétendait qu'elle se portait toujours bien maintenant et dissimulait si astucieusement ses maux qu'il fallait les sonder :

« Je pense que vous ne vous sentez pas bien aujourd'hui ?

«Je vais parfaitement bien.»

'Où est la douleur?'

«Je n'ai aucune douleur à proprement parler.»

« Est-ce que c'est dans votre cœur ?

'Non.'

« Est-ce que votre respiration vous fait mal ?

'Pas.'

« Est-ce que tu ressens encore ces blessures dans ta tête ?

« Non, non, je vous le dis, je n'ai rien.

« Avez-vous mal au côté ?

"Vraiment, c'est très provocant de ne pas pouvoir mettre ma main sur mon côté sans que tu penses que j'ai mal à cet endroit."

« Vous avez mal au côté !

«Je pourrais avoir une douleur au côté.»

« Et tu essayais de le cacher ! Est-ce très douloureux ?

"C'est... ce n'est pas si grave mais je peux le supporter."

Je ne sais pas laquelle de ces deux a cédé en premier, même si c'était à moi qu'il incombait de les persuader, car quelle qu'elle soit, elle se rebellait dès que l'autre montrait des signes de cession, de sorte que parfois j'avais deux convertis dans la semaine, mais jamais les deux. le même jour. Je les prenais séparément et pressais l'un de céder pour le bien de l'autre, mais ils voyaient si facilement à travers mon artifice. Ma mère pourrait aller courageusement voir ma sœur et lui dire : « J'y ai réfléchi et je crois que j'aimerais bien avoir une servante, une fois que nous serons habitués à elle.

« Est-ce qu'il vous a dit de dire ça ? demande sèchement ma sœur.

«Je le dis de mon plein gré.»

« Il vous a incité à le faire, j'en suis sûr, et il vous a dit de ne pas laisser entendre que vous l'aviez fait pour alléger mon travail.

"Peut-être qu'il l'a fait, mais je pense que nous devrions en obtenir un."

« Pas pour moi », dit obstinément ma sœur, puis ma mère vient me dire avec ravissement : « Elle ne veut pas entendre raison !

Mais enfin un domestique fut engagé ; on pourrait dire que nous étions à la fenêtre, l'attendant sombrement maintenant, et c'était avec de telles paroles que nous cherchions à nous réconforter les uns les autres et à nous réconforter :

« Elle se couchera tôt.

« On n'a pas besoin de la voir souvent à l'étage.

« Nous la mettrons en marche tous les jours.

« Elle aura de nombreuses courses à faire. Nous lui dirons de prendre son temps pour eux.

"Trois fois, elle ira à l'église chaque sabbat, et nous l'encouragerons à assister aux conférences dans la salle."

« Elle est sûre d'avoir des amis en ville. Nous la laisserons leur rendre visite souvent.

« Si elle ose entrer dans ta chambre, maman !

« Attention, chacun de vous, serviteur ou non, je plie tout le linge moi-même . »

"Elle ne nettoiera pas la pièce est."

— Ni mettre de l'ordre dans ma commode.

« Ni ranger mes manuscrits.

«J'espère cependant qu'elle est une lectrice. Vous pourriez la déposer avec un livre, puis lui fermer la porte astucieusement.

Et ainsi de suite. A-t-on jamais attendu un domestique avec autant
d'appréhension ? Et puis elle est arrivée – à un moment d'inquiétude aussi,
où sa valeur pouvait être immédiatement mise à l'épreuve – et du début à la
fin, elle était un trésor. Je ne sais pas ce que nous aurions fait sans elle.

CHAPITRE IX
MON HÉROÏNE.

Quand on savait que j'avais commencé une autre histoire, ma mère pouvait me demander de quoi il s'agissait cette fois-ci.

«Très bien, nous pouvons deviner de qui il s'agit», disait ma sœur avec insistance.

« Vous pouvez peut-être le deviner, mais cela me dépasse », dit ma mère avec la douceur de celle qui se sait ennuyeuse.

Ma sœur la méprisait dans ces moments-là. « Quelle femme est dans tous ses livres ? exigerait-elle.

«Je suis sûre que je ne peux pas le dire», répond ma mère avec détermination. «Je pensais que les femmes étaient différentes à chaque fois.»

« Mère, je me demande si tu peux être si audacieuse ! Très bien, tu sais de quelle femme je parle.

'Comment puis-je savoir? De quelle femme s'agit-il ? Il ne faut pas oublier que je soupçonne votre intelligence (ils se donnaient constamment de petits coups).

« Je ne vous donnerai pas la satisfaction de prononcer son nom. Mais je dirai ceci : il est grand temps qu'il la tienne à l'écart de ses livres.

Et puis, comme d'habitude, ma mère se trahissait inconsciemment. «C'est ce que je lui dis » , dit-elle en riant, «et il essaie de me garder à l'écart, mais il ne peut pas; c'est plus que ce qu'il peut faire !

Un soir, après que ma mère se soit couchée, on montait le premier chapitre, et je lisais, assis au pied du lit, pendant que ma sœur veillait à ce que ma mère se tienne bien, et que mon père criait H'sh ! quand il y avait des interruptions. Tout se passait bien au début, les réflexions étaient acceptées d'un petit signe de tête, les descriptions de paysages comme des ornières sur la route qu'il fallait franchir au pas (ma mère n'aimait pas les paysages, et c'est pourquoi il y en a si peu dans mes livres). Mais maintenant, je lis trop vite, avec un peu d'appréhension, car je sais que le paragraphe suivant commence par... disons par : « Une femme est venue par ce chemin » : j'avais l'intention de me précipiter ici d'une voix forte et intimidante, mais «Le long de ce chemin est venue une femme», lis-je et m'arrête. Ai-je entendu un léger bruit venant de l'autre bout du lit ? Peut-être que non ; Je ne faisais peut-être que l'écouter, mais j'hésite et je lève les yeux. Ma sœur et moi regardons ma mère avec sévérité. Elle se mord la lèvre inférieure et saisit le lit à deux mains, elle fait vraiment de son mieux pour moi, mais vient d'abord un gargouillis étouffé, puis sa prise sur elle-même se détend et elle tremble de gaieté.

"C'est une façon de se comporter!" pleure ma sœur.

«Je n'y peux rien», halète ma mère.

"Et il n'y a pas de quoi rire."

«C'est cette femme», explique inutilement ma mère.

«Peut-être qu'elle n'est pas la femme que tu penses», dis-je, écrasée.

«Peut-être pas», dit ma mère, dubitative. 'Quel était son nom?'

« Son nom, » répondis-je avec triomphe, « n'était pas Margaret » ; mais cela la fait à nouveau onduler. «J'ai tellement de noms aujourd'hui», marmonne-t-elle.

« Chut ! dit mon père, et la lecture reprend.

Peut-être que la femme qui passait par le chemin était d'une taille grande et majestueuse, ce qui aurait dû montrer à ma mère que j'avais réussi à faire démarrer mon train sans elle cette fois. Mais ce n'est pas le cas.

« De quoi riez-vous maintenant ? » dit ma sœur sévèrement. « N'entendez-vous pas que c'était une femme grande et majestueuse ?

« C'est la première fois que j'entends parler d'elle », répond ma mère.

"Mais elle l'est."

' Ké fy , les nantis ! »

"Le livre le dit."

« Il y aura beaucoup de choses étranges dans le livre. Que portait-elle ?

Je n'ai pas décrit ses vêtements. «C'est une erreur», dit ma mère. "Quand je rencontre une femme dans un livre, la première chose que je veux savoir sur elle, c'est si elle était belle, et la deuxième, comment elle était habillée."

La femme sur le chemin avait dix-huit ans et était d'une beauté remarquable.

«Cela vous règle», dit ma sœur.

«Je n'étais pas belle à dix-huit ans», admet ma mère, mais ici mon père intervient de manière inattendue. « À dix-huit ans, on n'avait pas son pareil dans cette campagne », dit-il avec vigueur.

'Caca!' dit-elle, très contente.

« Étiez-vous clair, alors ? nous demandons.

«Sal», répond-elle vivement, «j'étais loin d'être simple.»

« Chut !

Peut-être que dans le prochain chapitre cette dame (ou une autre) apparaîtra dans une calèche.

« Je vous assure que nous montons dans le monde », j'entends ma mère murmurer, mais j'avance sans lever les yeux. La dame habite une maison où se trouvent des valets de pied, mais ceux-ci sont arrivés trop précipitamment. « C'est plus que je n'en peux supporter », halète ma mère, et au moment où elle reprend le dessus d'un éclat de rire : « Valet de pied, donne-moi à boire de l'eau », crie-t-elle, ce qui la fait repartir. Souvent, les lectures devaient se terminer brusquement parce que sa gaieté provoquait de violentes quintes de toux.

Parfois, je lisais seule à ma sœur, et elle m'assurait qu'elle ne pourrait pas voir ma mère parmi les femmes cette fois-ci. C'est ce qu'elle a dit pour me faire plaisir . Bientôt, elle se glissait à l'étage pour annoncer triomphalement : « Vous êtes de retour !

Ou bien, au petit matin, je pouvais devenir un confident de mon père, et quand j'avais fini de lire , il me disait pensivement : « Cette jeune fille est très naturelle. Certaines des façons dont vous dites qu'elle les avait, votre mère les avait quand même. Avez-vous déjà remarqué à quel point votre mère est une femme extraordinaire ?

Alors je chercherais ma mère pour me réconforter. Elle était d'autant plus disposée à le donner qu'elle était profondément convaincue que si j'étais découvert, c'est-à-dire si les lecteurs découvraient à quelle fréquence et sous quelles formes elle apparaît dans mes livres, l'affaire deviendrait un scandale public.

"Tu vois, Jess n'est pas vraiment toi", je commence d'un ton interrogateur.

« Oh non, c'est une tout autre sorte de femme », dit ma mère, puis elle gâche le compliment en ajoutant naïvement : « Elle n'avait que deux chambres et moi six.

Je soupire. « Sans compter le garde-manger, et c'est un très grand garde-manger », marmonne-t-elle.

Ce n'était pas le genre de différence dont je pouvais me vanter grandement, et l'honnêteté m'obligerait à dire : « En ce qui concerne cela, il fut un temps où vous n'aviez que deux chambres vous-même… »

« Cela fait longtemps, interrompt-elle. J'ai commencé par un escalier en haut, mais j'ai toujours eu en tête — je n'en ai jamais parlé, mais c'était là — d'avoir aussi un escalier en bas. . Oui, et je l'ai depuis plusieurs années.

"Pourtant, il est indéniable que Jess avait la même ambition."

« Elle l'avait fait, mais elle devait rester dans sa maison de deux pièces toute sa vie. Est-ce que c'était comme moi ?

"Non, mais elle voulait..."

« Elle voulait, et je voulais, mais je l'ai eu et elle ne l'a pas fait . C'est la différence entre elle et moi.

"Si c'est là toute la différence, je ne peux pas prétendre au mérite de l'avoir créée."

Ma mère voit que j'ai besoin d'être apaisée. « C'est loin d'être toute la différence », disait-elle avec empressement. « Voilà ma soie, par exemple. Même si je le dis moi-même , il n'y a pas de meilleure soie dans la vallée de Strathmore. Jess possédait-elle une quelconque soie, sans parler d'une soie comme celle-là ?

"Eh bien, elle n'avait pas de soie, mais tu te souviens comment elle a obtenu ce manteau avec des perles."

« Un onze et un peu ! Houlà, de quoi se vanter ! Je vous le dis, chaque mètre de ma soie coûte… »

« Mère, c'est ainsi que Jess parlait de son manteau !

Elle laisse passer cela, peut-être sans l'entendre, car le souci de sa soie l'a précipitée vers l'armoire où elle est suspendue.

« Ah, maman, j'ai bien peur que cela ressemble beaucoup à Jess !

« Comment cela pourrait-il lui ressembler alors qu'elle n'avait même pas de garde-robe ? Je vous dis que s'il y avait eu une vraie Jess et qu'elle s'était vantée de son manteau orné de perles, je lui aurais dit d'une voix insouciante : « Traverse avec moi, Jess et je te laisserai aller. je vois quelque chose qui est accroché dans ma garde-robe. Cela aurait diminué sa fierté !

"Je ne crois pas que c'est ce que tu aurais fait, mère."

Puis une expression plus douce lui apparut sur le visage. «Non», disait-elle pensivement, «ce n'est pas le cas».

'Qu'aurais-tu fait? Je pense que je sais.'

' Vous ne pouvez pas savoir. Mais je pense que j'aurais rappelé qu'elle était une femme pauvre, malade et terriblement venteuse autour de son manteau, et j'aurais simplement dit que c'était une beauté et que j'aurais aimé en avoir une comme celle-là.

« Oui, je suis certain que c'est ce que vous auriez fait. Mais oh, maman, c'est exactement ainsi que Jess aurait agi si une femme plus pauvre qu'elle lui avait montré un nouveau châle.

"Peut-être, mais même si je ne m'étais pas vanté de ma soie, j'aurais voulu le faire."

"Tout comme Jess aurait été agitée pour montrer ses onze ans et un peu !"

Il semble conseillé de passer à un autre livre ; pas au premier, parce que… eh bien, comme c'était mon premier, il y aurait naturellement quelque chose de ma mère dedans, et pas au second, puisque c'était mon premier roman et qu'il n'était pas très estimé même dans notre famille. (Mais les petites touches de ma mère ne sont pas si mauvaises.) Essayons l'histoire du ministre.

La première remarque de ma mère est décidément atténuante. « Plusieurs fois dans ma jeunesse, dit-elle, j'ai joué autour du manoir d'Auld Licht, mais je ne pensais pas que je devrais vivre pour en être la maîtresse ! »

"Mais Margaret n'est pas toi."

'N-non, oh non. Elle a eu une vie très différente de la mienne. Je n'ai jamais laissé entendre à personne qu'elle était moi !'

« Elle n'était pas censée être toi quand j'ai commencé. Mère, quelle façon tu as de te faufiler !

"Tu devrais mieux te surveiller."

« Peut-être que si j'avais appelé Margaret par un autre nom… »

«J'aurais quand même dû voir à travers elle. Dès que j'ai appris qu'elle était la mère, j'ai commencé à rire. D'une certaine manière, cependant, elle me ressemble beaucoup. Elle a mis longtemps à découvrir Babbie. je suis uphaud, j'aurais dû être plus rapide.

« Babbie, tu vois, gardée près du mur du jardin. »
« Ce n'est pas le mur du manoir qui me l'aurait cachée.
"Elle est sortie dans le noir."
"Je pense qu'elle m'aurait trouvé en train de la chercher avec une bougie."
"Et Gavin était secret."
"Cela m'aurait mis en valeur."
"Elle n'a jamais soupçonné quoi que ce soit."
«Je m'interroge sur elle.»
Mais ma nouvelle héroïne sera une enfant. Qu'est-ce que Madame a à dire à cela ?
Un enfant ! Oui, elle a même quelque chose à dire à ce sujet. « C'est mieux que tout!» sont les mots.

« Viens, viens, maman, je vois ce que tu penses, mais je t'assure que cette fois… »

« Bien sûr que non », dit-elle d'un ton apaisant, « oh non, elle ne peut pas être moi » ; mais aussitôt ses véritables pensées sont révélées par la remarque naïve : « Je doute cependant que ce soit un travail difficile que vous ayez à accomplir – cela fait si longtemps que je ne suis plus un enfant .

Nous nous sommes rapprochés au cours de ces discussions. « C'est une chose étrange, disait-elle doucement, que presque tout ce que vous écrivez concerne ce petit endroit. Vous ne vous attendiez pas à cela lorsque vous avez commencé. Je me souviens bien de l'époque où il ne vous était jamais venu à l'esprit, pas plus qu'à la mienne, que vous puissiez écrire une page sur nos places et nos wynds . Je me demande comment c'est arrivé ?

Il fut un temps où je n'aurais pas pu répondre à cette question, mais cette époque était révolue depuis longtemps. « Je suppose, mère, que c'était parce que tu étais plus à l'aise dans ta propre ville, et que je n'ai jamais eu beaucoup de plaisir à écrire sur des gens qui ne pouvaient pas te connaître, ni sur des places et des rues que tu ne traversais jamais, ni sur des une campagne où tu n'as jamais porté le dîner de ton père dans un flacon. Il n'y a guère de maison dans tous mes livres où je n'aie pas eu l'impression de vous voir mille fois, penché sur la cheminée ou remontant l'horloge.

« Et pourtant, vous étiez dans un tel dilemme parce que vous ne connaissiez personne avec qui vous pourriez faire de vos femmes ! Cela vous dérange-t-il, et comment nous avons tous les deux ri à l'idée que vous deviez vous moquer de moi ?

'Je me souviens.'

« Et maintenant, tu reviens à l'époque de mon père. Cela fait plus de soixante ans que je transportais son dîner dans un flacon à travers les longs parcs de Kinnordy .

« Je vais souvent dans les longs parcs, maman, et je m'assois sur le montant à la lisière du bois jusqu'à ce que j'aie l'impression de voir une petite fille venir vers moi avec un flacon à la main.

« Sauter la brûlure (j'étais autrefois si fier de mes sauts !) et faire tourner le flacon si vite que ce qu'il y avait à l'intérieur n'avait pas le temps de tomber. Je portais une robe magenta et un tablier blanc. Est-ce que je vous ai déjà dit ça ?

« Mère, la petite fille de mon histoire porte une robe magenta et un tablier blanc. »

« Ça ne vous dérange pas ! Mais je pense que ce n'était pas une jeune fille en tablier que vous avez vue dans les longs parcs de Kinnordy , c'était juste une vieille femme gey .

"C'était une jeune fille en tablier, maman, quand elle était loin, mais quand elle s'est approchée, c'était une vieille femme plutôt vieille ."

« Et un sacrément laid !

"Le plus beau que je verrai jamais."

« Je me demande de vous entendre le dire. Regardez mon vieux visage ridé.

"C'est le visage le plus doux du monde."

«Voyez comment les bagues tombent de mon pauvre doigt émacié.»

« Il y aura toujours quelqu'un à proximité, maman, pour les remettre.

« Oui, ça y sera ! Eh bien, je le sais. Cela vous dérange-t-il que, lorsque vous n'étiez qu'un enfant , vous disiez : « Attendez que je sois un homme et vous n'aurez plus jamais de raison de me saluer ?

Je me suis souvenu.

« Vous aviez l'habitude de venir en courant dans la maison pour dire : « Il y a une fière dame qui descend le Marywellbrae dans un manteau noir d'un côté et blanc de l'autre ; attends que je sois un homme, et tu en auras un pareil. Et quand je m'allongeais sur des lits très durs, tu disais : "Quand je serai un homme, tu t'allongeras sur des plumes." Vous n'avez rien vu de beau, vous n'avez jamais entendu dire que j'avais mis mon cœur sur quoi que ce soit, mais vous avez levé la tête et crié : « Attendez que je sois un homme. Vous m'avez fait honte devant les voisins , et pourtant j'avais aussi du vent. Et maintenant, tout cela est devenu réalité comme un rêve. Je ne me souviens pas d'une seule petite chose pour laquelle j'ai réglé dans mes jours vigoureux et qui n'a pas été remise entre mes mains dans mon vieux âge ; Je suis assis ici inutile, entouré de la satisfaction de tous mes souhaits et de toutes mes ambitions, et parfois je suis presque terrifié, car c'est comme si Dieu m'avait pris pour une autre femme.

« Vos espoirs et vos ambitions étaient si simples », disais-je, mais elle n'aimait pas ça. «Ils n'étaient pas aussi simples», répondait-elle en rougissant.

J'hésite à quitter ces jours heureux, mais il faut affronter la fin, et tandis que j'écris, il me semble voir ma mère devenir plus petite et son visage plus mélancolique, et elle s'attarde toujours avec nous, comme si Dieu avait dit : « Enfant de le mien, ton heure est venue, n'aie pas peur. Et elle n'avait pas peur, mais elle s'attardait quand même, et Il attendait en souriant. Je ne lui ai jamais lu ce dernier livre ; quand ce fut fini, elle était trop lourde d'années pour suivre une histoire. Pour moi, c'était comme si mon livre devait être diffusé froidement dans le monde (comme tout ce qui pourrait venir de moi après lui), et ma sœur, qui pensait plus aux autres et moins à elle-même que tout autre être humain que j'ai connu, J'ai vu cela et, par un moyen insondable pour un homme, j'ai persuadé ma mère de redevenir la femme qu'elle avait été. Un jour mais trois semaines avant sa mort, mon père et moi avons été appelés doucement à l'étage. Ma mère était assise bien droite, comme elle aimait s'asseoir, dans son vieux fauteuil près de la fenêtre, un manuscrit à la main. Mais elle regardait autour d'elle sans trop comprendre. « Juste pour lui faire plaisir », murmura ma sœur, puis, d'une voix basse et tremblante, ma mère se mit à lire. J'ai regardé ma sœur. Des larmes de malheur coulaient sur son visage. Bientôt, la lecture devint très lente et s'arrêta. Après une pause : « Tu devais lui dire quelque chose », lui rappela ma sœur. « Chance », murmura une voix comme si elle venait d'un mort, « chance ». Et puis le vieux sourire est apparu sur son visage comme un allumeur de lampe, et elle m'a dit : « Je suis déjà allée loin pour lire, mais je crois que j'y suis de nouveau ! Mon père lui a remis son Testament entre les mains, et il s'est ouvert — comme c'est toujours le cas — au quatorzième jour de Jean. Elle fit un effort pour lire mais n'y parvint pas. Soudain, elle se baissa et embrassa la grande page. "Est-ce que ça suffira à la place ?" elle a demandé.

CHAPITRE X
AVEZ-VOUS PEUR QUE SON POUVOIR ÉCHOUE ?

Pendant des années, j'ai essayé de me préparer à la mort de ma mère, de prévoir comment elle allait mourir, de me voir quand elle serait morte. Même à ce moment-là, je savais que c'était une chose vaine que j'avais faite, mais je suis sûr qu'il n'y avait aucune morbidité là-dedans. J'espérais que je serais avec elle à la fin, non pas comme celui qu'elle a finalement regardé, mais comme celui dont elle se détournerait uniquement pour regarder son bien-aimé, non pas mon bras mais celui de ma sœur qui devrait être autour d'elle quand elle mourrait, pas ma main mais celle de ma sœur devrait fermer les yeux. Je savais que je pourrais la joindre trop tard ; Je me vis ouvrir une porte là où il n'y avait personne pour me saluer et monter le vieil escalier dans la vieille pièce. Mais ce que je n'avais pas prévu, c'est ce qui s'est produit. Je ne pensais pas que je pourrais monter le vieil escalier, passer la porte au-delà de laquelle ma mère gisait morte, entrer d'abord dans une autre pièce et m'y mettre à genoux.

préférée de ma mère est celle connue dans notre maison sous le nom de David parce que c'est la dernière qu'il a appris à répéter. C'était aussi la dernière chose qu'elle lisait...

> As-tu peur que son pouvoir échoue
> Quand viendra ton mauvais jour ? Et un bras créateur de
> tout peut-il se lasser ou se décomposer ?

J'entendais sa voix se renforcer à mesure qu'elle le lisait, je voyais son visage timide reprendre courage, mais quand arriva mon mauvais jour, puis à l'aube, hélas pour moi, j'eus peur.

Ces dernières semaines, sans que nous le sachions, ma sœur mourait debout. Pendant de nombreuses années, elle avait donné sa vie, petit à petit, pendant une autre année, un autre mois, puis un autre jour, de sa mère, et maintenant elle était épuisée. «Je ne te quitterai jamais, mère.» —' Très bien, je sais que tu ne me quitteras jamais.' Je trouvais ce cri si pathétique à l'époque, mais je ne devais en connaître toute la signification que lorsqu'il ne fut que l'écho d'un cri. En regardant ces deux-là, c'était pour moi comme si ma mère était partie pour le nouveau pays et que ma sœur la retenait. Mais je vois avec une vision plus claire maintenant. Ce n'est plus la mère mais la fille qui est devant, et elle crie : « Mère, tu t'attardes si longtemps à la fin, j'ai mal à t'attendre.

Mais elle ne savait pas plus que nous comment cela devait se passer ; si elle semblait lasse lorsque nous la rencontrions dans l'escalier, elle restait la figure la plus brillante, la plus active de la chambre de ma mère ; elle ne se plaignait jamais, sauf lorsqu'il lui fallait partir pour cette promenade qui les séparait une demi-heure. Avec quelle réticence elle mettait son bonnet, comme il fallait la serrer dessus, et combien de fois, étant allée jusqu'à la porte, elle revenait se tenir aux côtés de ma mère. Parfois, pendant que nous regardions par la fenêtre, je ne pouvais m'empêcher de rire, et pourtant avec une douleur au cœur, de la voir se précipiter obstinément en avant, sans un œil pour la droite ou la gauche, rien dans la tête que le retour. Il y avait toujours mon père dans la maison, qui n'a jamais été un mari plus dévoué, et souvent il y en avait d'autres, une fille en particulier, mais ils osaient à peine s'occuper de ma mère, celle-ci leur arrachait jalousement la coupe des mains. Ma mère préférait cela de sa part. Nous le savions tous. "Je les aime bien, mais je ne peux pas me passer de toi." Ma sœur, si altruiste en toutes autres choses, avait une passion infatigable pour l'afficher devant nous. C'était la riche récompense de sa vie.

Les autres parlaient entre eux de ce qui devait arriver bientôt, et ils avaient des larmes pour les aider, mais cette fille ne voulait pas en parler, et ses larmes tardaient toujours à venir. Je savais que nuit et jour elle essayait de se préparer à un monde sans sa mère, mais elle devait rester muette ; aucun de nous n'était aussi écossais qu'elle, elle devait supporter seule son agonie, une tragique écossaise solitaire. Même ma mère, qui nous parlait si calmement du temps à venir, ne pouvait lui en parler. Ces deux-là, l'un au lit et l'autre penché sur elle, ne pouvaient que se regarder longuement, jusqu'à ce que lentement les larmes viennent aux yeux de ma sœur, et alors ma mère détournait son visage mouillé. Et pourtant aucun des deux ne disait un mot, chacun savait si bien ce qu'il y avait dans les pensées de l'autre, si éloquemment qu'ils parlaient en silence : « Mère, je répugne à te laisser partir » et « Oh ma fille, maintenant que mon heure est proche, J'aurais aimé que tu ne m'aimes pas autant. Mais quand la fille s'éloignait, ma mère me prenait la main et criait : « Je te la laisse ; tu vois comment elle a semé, cela dépendra de toi comment elle récoltera. Et j'ai fait des promesses, mais je suppose qu'aucun de nous n'a vu qu'elle avait déjà récolté.

La nuit, ma mère pouvait se réveiller et s'asseoir dans son lit, confuse par ce qu'elle voyait. Pendant qu'elle dormait, six décennies ou plus s'étaient écoulées et elle était de nouveau dans son enfance ; soudain, elle s'en rappela qu'elle était étourdie, comme avec le rythme des années. Comment était-elle entrée dans cette pièce ? Lorsqu'elle s'était couchée hier soir, après avoir préparé le souper de son père, il y avait une commode à la fenêtre : qu'étaient devenus le seau à sel, le baquet à repas, les jambons qui devaient pendre aux chevrons ? Il n'y avait pas de chevrons ; c'était un plafond tapissé. Elle avait souvent entendu parler de lits ouverts, mais comment se faisait-elle qu'elle s'y trouve ? Pour comprendre ces choses, elle essayait de sauter du lit et était surprise de trouver cela un travail , comme si elle était tombée malade pendant la nuit. En l'entendant bouger, je pouvais frapper au mur qui nous séparait, c'était un signe convenu entre nous que j'étais à proximité , et donc tout allait bien, mais parfois les coups semblaient appartenir au passé, et elle pleurait : "C'est mon père qui gifle à la porte, je dois me lever et le laisser entrer." Elle semblait le voir – et c'était un homme beaucoup plus jeune qu'elle qu'elle voyait – couvert de neige, en enlevant des mottes de ses bottes, les mains enflées, gercées de sable et mouillées. Ensuite, j'entendais - c'était une expérience nocturne courante - ma sœur la calmer avec amour, et allumer la lumière pour lui montrer où elle était, l'aider à se rapprocher de la fenêtre pour lui faire voir que ce n'était pas une nuit de neige, même si elle était enneigée. lui faire plaisir en descendant, en ouvrant la porte extérieure et en criant dans l'obscurité : « Y a-t-il quelqu'un là ? et si cela ne suffisait pas, elle emmaillotait ma mère dans des écharpes et la conduisait à travers les pièces de la maison, les éclairant une à une, lui montrant des objets familiers, et la guidant ainsi lentement à travers les soixante et quelques années qu'elle avait sautées trop vite. . Et peut-être à la fin, ma mère est venue à mon chevet et m'a dit avec mélancolie : « Suis-je une vieille femme ?

Mais avec la lumière du jour, même pendant la dernière semaine où je l'ai vue, elle était debout et en bonne santé, car bien que pitoyablement fragile, elle ne souffrait plus d'aucune maladie. Elle paraissait si bien comparativement que, ayant encore les restes d'une maladie à se débarrasser, je devais prendre des vacances en Suisse, puis revenir la chercher, alors que nous devions tous nous rendre au manoir bien-aimé de sa bien-aimée. frère dans le pays de l'ouest. Elle avait donc de nombreux préparatifs en tête, et le matin était le moment où elle avait un peu de force pour les mener à bien. Quitter sa maison avait toujours été pour elle un mois de travail, il fallait la laisser dans un ordre si parfait, chaque recoin visité et nettoyé, chaque coffre sondé jusqu'au fond, le linge soulevé, examiné et remis amoureusement comme pour faire on dormait plus facilement en son absence, il fallait retaper les étagères, une semaine épuisante consacrée au grenier. De manière moins exhaustive, mais avec une grande partie de l'ancienne exultation dans sa maison, cela fut fait pour la dernière fois, puis il y eut le retrait de ses propres vêtements, leur étalement sur le lit et leur doigté agréable, et les consultations sur lesquelles il convient de laisser de côté. Ah, beau rêve ! Je m'y accrochais tous les matins ; Je ne regarderais pas quand ma sœur secouait la tête, mais bien avant la fin de chaque journée , je savais moi aussi que cela ne pourrait jamais être le cas. Cela s'était réalisé plusieurs fois, mais plus jamais. Nous le savions tous les deux, mais lorsque ma mère, qui doit toujours être préparée si longtemps à l'avance, réclamait sa malle et ses boîtes à ruban, nous les lui apportions, et nous restions silencieux, la regardant pendant qu'elle faisait ses bagages.

Le matin est venu où je devais partir. Cela m'était arrivé cent fois, quand j'étais un garçon, quand j'étais étudiant, quand j'étais un homme, quand elle me paraissait grande et forte, quand elle était si petite et que c'était moi qui l'entourais de mes bras. son. Mais c'était toujours la même scène. Je ne dois pas écrire sur cela, sur la séparation et le retour dans l'escalier, et deux personnes essayant de sourire, et le repartiment, et le cri qui m'a ramené. Je n'en dirai pas davantage non plus sur la silhouette silencieuse du fond, toujours au fond, toujours près de ma mère. La dernière fois que j'ai vu ces deux-là, c'était depuis la porte. Ils étaient à la fenêtre qui ne passe jamais devant mes yeux. Je ne pouvais pas voir le visage de ma chère sœur, car elle se penchait sur ma mère, me montrait et lui disait d'agiter la main et de sourire, parce que j'aimais tellement ça. Cette action était un exemple de la vie de ma sœur.

J'étais absent depuis quinze jours lorsque le télégramme me fut remis entre les mains. J'avais reçu une lettre de ma sœur, quelques heures auparavant, me disant que tout allait bien à la maison. Le télégramme disait en cinq mots qu'elle était décédée subitement la nuit précédente. Il n'y avait aucune mention de ma mère et j'étais à trois jours de chez moi.

La nouvelle que je reçus en arrivant à Londres était la suivante : ma mère ne comprenait pas que sa fille était morte et on attendait que je le lui dise.

Je n'aurais pas dû être aussi lâche. C'est ainsi que ces deux-là moururent — car, après tout, il était trop tard à douze heures pour voir ma mère vivante.

Leur dernière nuit fut presque joyeuse. Autrefois, cette heure précédant la baisse des gaz de ma mère avait si souvent été la plus heureuse que ma plume y revient encore et encore pendant que j'écris : c'était l'heure où ma mère souriait dans son lit et nous étions rassemblés autour d'elle comme les enfants en train de jouer, nos réticences éparpillées sur le sol ou ballottées en plaisantant de main en main, l'auteur devenait si turbulent que dans les pauses on le tenait en échec de force. Quelques tentatives récentes pour renouveler ces soirées, où ma mère pouvait être amenée au bord de celles-ci, comme si un écho familier l'appelait, mais où elle était , elle ne savait pas clairement, parce que le passé rugissait à ses oreilles, avaient été assez lamentables. comme une grande mer. Mais cette nuit était un dernier cadeau pour ma sœur. La joie de leurs voix entraîna les autres dans la maison à l'étage, où pendant plus d'une heure ma mère fut au centre d'une joyeuse fête et si claire d'esprit qu'eux, d'abord prudents, s'abandonnèrent au jeu, et quoi qu'ils disaient, en guise de plaisanterie humoristique, elle plafonnait aussitôt, comme autrefois, retournant leurs fléchettes contre elles-mêmes jusqu'à ce qu'en état de légitime défense , ils soient trois contre un, et les trois étaient pressés. Comme ma sœur a dû se réjouir. Une fois de plus , elle pourrait s'écrier : « Y a-t-il déjà eu une telle femme ! On me raconte qu'il y avait un tel bonheur sur le visage de la fille que ma mère en fit le commentaire, qu'après s'être levées pour partir, elles se rassirent, fascinées par le rayonnement de ces deux-là. Et quand ils sont finalement partis, les derniers mots qu'ils ont entendus ont été : « Ils sont partis, tu vois, maman, mais je suis là, je ne te quitterai jamais » et « Na, tu ne me quitteras pas ; très bien, je le sais. Pendant quelque temps après, on pouvait entendre leurs voix en bas, mais on ne sait pas de quoi ils parlaient. Et puis vint le silence. Si j'avais été à la maison, j'aurais été de nouveau dans la pièce plusieurs fois, tournant doucement la poignée de la porte, la relâchant pour qu'elle ne grince pas et restant debout à les regarder. Cela avait été ainsi mille fois. Mais cette nuit-là, me serais-je encore éclipsé, l'esprit tranquille, ou aurais-je dû voir le changement se produire pendant qu'ils dormaient ?

Qu'il soit dit en quelques mots. Ma sœur s'est réveillée le lendemain matin avec un mal de tête. Elle avait toujours été une martyre des maux de tête, mais celui-ci, comme bien d'autres, semblait particulièrement grave. Néanmoins , elle se leva, alluma le feu de ma mère et lui apporta son petit-déjeuner, puis dut retourner se coucher. Elle n'était pas en mesure de m'écrire sa lettre quotidienne, me disant comment allait ma mère, et presque la dernière chose qu'elle faisait était de demander à mon père de l'écrire, et de ne pas laisser entendre qu'elle était malade, car cela me chagrinerait. Le médecin a été appelé, mais elle a rapidement perdu connaissance. Dans cet état, elle fut transférée du lit de ma mère à un autre. On a découvert qu'elle souffrait d'une maladie interne. Personne ne l'avait deviné. Elle-même ne l'a jamais su. Rien ne pouvait être fait. Dans cette inconscience, elle est décédée, sans savoir qu'elle quittait sa mère. Si j'avais su, quand j'ai appris sa mort, qu'elle avait été sauvée de cette douleur, j'aurais sûrement pu rentrer chez moi plus courageusement avec les mots :

> As-tu peur que son pouvoir échoue
> Quand viendra ton mauvais jour ?

Ah, on pourrait le penser, j'aurais dû le penser, mais je me connais maintenant. Quand je suis arrivé à Londres, j'ai appris comment ma sœur était morte, mais j'avais quand même peur. Je me voyais dans la chambre de ma mère, lui expliquant pourquoi la porte de la pièce voisine était fermée à clé, et j'avais peur. Dieu avait tant fait, et pourtant je ne pouvais pas me tourner vers Lui avec confiance pour le peu qu'il me restait à faire. «Ô vous de peu de foi!» Ce sont les mots que j'ai l'impression d'entendre ma mère me dire maintenant, et elle me regarde avec tant de tristesse.

Il l'a fait très facilement, et cela a cessé de me paraître merveilleux parce que c'était si clairement son œuvre. Ma timide mère a vu celui qui ne devait jamais la quitter, emporté inconscient hors de la pièce, et elle ne s'est pas effondrée. Celle qui se tordait les mains si sa fille s'absentait un instant ne la réclamait plus, on avait peur de prononcer son nom ; une crainte les envahit. Mais je suis sûr qu'ils n'auraient pas dû être aussi inquiets. Il y a des mystères dans la vie et dans la mort, mais celui-ci n'en faisait pas partie. Un enfant peut comprendre ce qui s'est passé. Dieu a dit que ma sœur devait venir en premier, mais il a posé sa main sur les yeux de ma mère à ce moment-là et elle a été transformée.

Ils lui ont dit que j'étais sur le chemin du retour, et elle a dit avec un sourire confiant : « Il viendra aussi vite que les trains peuvent l'amener. C'est ma récompense, c'est ce que j'ai pour mes livres. Tout ce que je pouvais faire pour elle dans cette vie, je l'ai fait depuis que je suis un garçon ; Je regarde les années en arrière et je ne vois pas la moindre chose qui reste en suspens.

Ils furent enterrés ensemble le jour du soixante-seizième anniversaire de ma mère, même s'il s'était écoulé trois jours entre leurs décès. Le dernier jour, ma mère a insisté pour se lever du lit et traverser la maison. Les bras qui l'avaient si souvent aidée dans ce voyage étaient maintenant froids dans la mort, mais il y en avait d'autres seulement moins aimants, et elle allait lentement de pièce en pièce comme quelqu'un qui dit au revoir, et dans les miens elle disait : « Les belles rangées sur des rangées de livres, et il a dit que chacun d'eux était à moi, tous à moi ! et dans la chambre est, qui fut son plus grand triomphe, elle dit avec caresse : « Ma plus belle chambre ! Pendant tout ce temps, il semblait y avoir quelque chose qu'elle voulait, mais celui qui était mort savait toujours ce qu'elle voulait, et ils produisirent beaucoup de choses auxquelles elle secoua la tête. Ils ne savaient pas alors qu'elle était mourante, mais ils la suivirent à travers la maison avec une certaine appréhension, et après son retour au lit , ils virent qu'elle devenait très faible. Une fois, elle dit avec empressement : « Est-ce toi, David ? et encore une fois, elle crut entendre son père faire tomber la neige de ses bottes. Son désir pour ce qu'elle ne pouvait pas nommer lui revint, et ils virent enfin que ce qu'elle voulait, c'était la vieille robe de baptême. On le lui apporta, et elle le déplia avec des mains tremblantes et exultantes, et lorsqu'elle fut assurée qu'il était encore d'une blancheur vierge, ses vieux bras l'entourèrent avec adoration, et sur son visage il y avait l'ineffable lueur mystérieuse de la maternité. Soudain, elle a dit : « Qu'est-ce que c'est ? Bébé est mort ? un de mes enfants est- il mort ? mais ceux qui regardaient n'osaient pas parler, puis lentement, comme par un effort de mémoire , elle répéta à haute voix nos noms dans l'ordre dans lequel nous étions nés. Elle n'en oublia qu'un seul, qui aurait dû être le troisième parmi les dix, celui de la pièce voisine, mais à la fin, après une pause, elle prononça son nom et le répéta encore et encore, s'y attardant comme si c'était la musique la plus exquise et c'était sa chanson mourante. Et pourtant, c'était un nom très courant.

Ils savaient maintenant qu'elle était en train de mourir. Elle leur dit de plier la robe de baptême et, presque brusquement, elle les regarda la ranger, puis pendant quelque temps elle parla de la longue et belle vie qui avait été la sienne et de Celui à qui elle la devait. Elle leur dit à tous au revoir, puis tourna enfin son visage du côté où reposait son bien-aimé, et pendant plus d'une heure elle pria. Ils ne captaient les mots que de temps en temps, et les derniers qu'ils entendaient étaient « Dieu » et « amour ». Je pense que Dieu souriait quand il l'amena à lui, comme il lui avait si souvent souri pendant ces soixante-seize années.

Je l'ai vue morte, et son visage était beau et serein. Mais c'est dans l'autre pièce que j'entrai le premier, et c'est à côté de ma sœur que je tombai à genoux. La plénitude de la vie de femme qu'était celle de ma mère n'avait pas été pour elle. Elle ne l'aurait pas à ce prix. «Je ne te quitterai jamais, mère.» —' Très bien, je sais que tu ne me quitteras jamais.' La joie féroce d'aimer trop, c'est une chose terrible. La bouche de ma sœur était fermement fermée, comme si elle avait obtenu ce qu'elle voulait.

Et maintenant, je me retrouve sans eux, mais j'espère que ma mémoire reviendra toujours à ces jours heureux, non pas pour les parcourir à la hâte, mais pour flâner ici et là, alors même que ma mère se promène dans mes livres. Et si je vis aussi à une époque où l'âge doit obscurcir mon esprit et où le passé revient comme les ombres de la nuit sur la route nue du présent, je crois que ce ne sera pas ma jeunesse, je ne verrai que la sienne, pas une garçon accroché à la jupe de sa mère et criant : « Attends que je sois un homme et tu te coucheras sur des plumes », mais une petite fille en robe magenta et en tablier blanc, qui vient vers moi à travers les longs parcs en chantant pour elle-même et portant le dîner de son père dans un flacon.

LA FIN